為什麼我們越愛越焦慮

心理治療師教你建立內在安全感，找回關係中的平衡能量，學會放鬆去愛

潔西卡·鮑姆——著
曾倚華——譯

給我的宇宙伴侶，斯凡。

是你不間斷的愛，

使我感受到從未想像過的支持。

目錄
Contents

序

我年輕時，總是把約會變成徹頭徹尾的災難。我會為了避免孤獨而保持戀愛關係，而我約會的男人在情感上並不可靠，也無法配合我的需求。我很痛苦。他們明顯缺乏興趣，我感到被拒絕，而且他們似乎不夠在乎我需要什麼，這也使我感到憤怒。

我想分享兩段震撼我內心、並激發我內在依附模式的經歷。它們觸碰到同樣的傷口，儘管它們看上去截然不同。我十九歲時交的男朋友非常專注於工作，他開了一間自己的公司。在一開始的一頭熱消退後，當關係變得不那麼令人興奮時，他便將注意力轉移到工作上，而現在的我知道，他當時是必須要這麼做的。他不是個壞人，他只是一個創辦了一間公司的人，而且壓力很大。但他開始緩緩退縮的樣子，觸動了我內心某個被遺棄的地方，然後我開始感到焦慮，體重下滑，生活開始變得毫無意義。這讓我很害怕，而隨著時間推移，我內心的動盪變得無比強烈，嚴重的焦慮使我不得不住院。當醫生問我為什麼住院時，我簡單地說：「因為我的男友不愛我。」我對孤獨的恐懼藏在表面之下，而從強烈的連結到逐漸疏遠的轉變，喚醒了我內心深處的不安。我不明白發生了什麼事；只覺得自己快瘋了。我讀遍了每一本關於共同依附的書，雖然它們有所幫助，但卻無法解釋我體內發生的事情。

多年後，我嫁給了一個完全無法與我保持連結的男人。在我們剛開始約會時，如果他沒有回覆我的訊息，我也不會多想。但隨著時間推移，我甚至對一點點脫離接觸的苗頭都變得異常敏感。每隔六到八週，我們就會上演一次他抽離、而我伸手想要抓住他的戲碼。我感到自己被困在永無止境的循環中，但卻又相信婚姻的承諾會以某種方式改變這種動態，並為我帶來安全感。現在我可以理解，只要我們更接近親密關係（而我開始感到安全），他就會因為自己對親密關係的恐懼而抽離。他會停止傳訊息給我，我們的溝通變得平淡而模糊。隨著他的距離越來越遠，當我看著他時，我卻覺得好像沒有任何人在回應我的目光。看著他斷開連結，我的整個身體都會產生反應。我的心跳會一瞬間加速，肚子會重重下墜，好像有什麼東西從我身上扯下來了一樣。我的視線會變得模糊，並感到恐慌在我內心盤旋。當我無法重新建立連結時，我會把自己縮成一團，感覺就像小時候一樣失落和被人遺棄。他無法與人連結的特質，尤其是他毫無情緒的瞪視，讓我又經歷了一次被遺棄的感覺，就好像我的生命線或氧氣被人切斷了。

剛成年的那段日子黑暗而混亂，我無法理解自己的身體和情緒出了什麼事，所以感到無所適從。當我了解自己的依附模式、神經系統反應和核心創傷之後，這一點就改變了。我可以再度回首，並意識到分離焦慮的感覺原來一直伴隨著我。這讓我能夠理解身體的感覺，並為同理心和治癒的過程奠定了基礎。實際上，我寫這本書，就是為了讓你明白這一點——深入了解你的身體到底發生了什麼事，以及為什麼你發展關係的方式常常導致你自我放棄。有了這樣的支持，我們將一起踏上一段治癒之旅，這會提供你內在的安全感，使你的感情關係也有可能變得充實而富足。

讓我們從一些問題開始。如果你想知道自己是不是焦慮型依附，讀過這份清單會讓你多一些了解。當童年使我們產生了合理的焦慮，不確定究竟會不會有人和我們在一起時，我們就會產生這些感覺和行為。其中一些是關於焦慮本身的，一些則是我們試圖保護自己不被焦慮抓住的方式。當你慢慢讀過它時，請對自己溫柔一點。

- 你有沒有發現自己以犧牲其他利益為代價，不斷地想著你現在的伴侶？
- 你經常和你的朋友討論你的伴侶和你們的關係嗎？
- 你是否放棄了你想做的事情，來做你認為你的伴侶想做的事情？
- 你一開始是不是用浪漫的濾鏡來看待你的伴侶，而當他們不能完全滿足你的需求時，又感到失望？
- 如果你的伴侶沒有快速回覆訊息，你會不會感到更加焦慮？
- 如果伴侶沒有迅速回應，你會不會開始編造故事，想搞清楚背後的原因？
- 當你開始沒有得到回應時，你是不是會反覆嘗試聯繫你的伴侶？
- 你是不是會很快地黏上對方，然後又擔心這段關係持續不下去？
- 當你的伴侶沒有給你足夠的關注時，你會不會以離開當威脅？
- 當這個人沒有辦法滿足你聯繫的需求時，你會從伴侶身邊退縮嗎？
- 你是不是會在發生衝突後急著重新建立連結，堅持繼續對話，直到你再次感受到連結為止？
- 你會對伴侶說教、並責怪對方沒有盡可能地保持聯繫嗎？

- 你會記錄你伴侶的失敗嗎？
- 如果一個人不能滿足你的需求，你是不是會很容易生氣——無論是對自己還是對你的伴侶？
- 你是不是想過或真的出軌，好讓你的伴侶感到嫉妒？
- 你是不是在網路上跟蹤你的伴侶，好了解他們的一舉一動？
- 你會不會偷看伴侶的手機，查看他們與誰聯絡、並確保他們沒有對你撒謊？

首先，你要知道，如果你發現自己有以上這些或一部分的行為，完全沒有關係——你很快就會開始理解為什麼你會有這些傾向，並對自己有更多的同理心。直接面對這些情緒和行為可能會令你痛苦或感到羞恥，然而我們即將一起展開的工作也將為你打開一扇大門，讓你發現你正處於痛苦和恐懼中，並且值得擁有足夠的支持，讓你能夠治癒帶來這一系列感情互動的創傷。

讓我們從一個聽起來很奇怪的地方開始。如果我告訴你，要提升人際關係的品質，你需要先更頻繁地關注自己，你會怎麼想？這個觀念也許與你以為的，要成為一個充滿愛心、關懷的伴侶定義背道而馳。也許你甚至認為，為了得到愛，你必須不斷地付出，好像愛是某種你需要賺取的東西。但我發現自己一次又一次與他人分享一個原則：為了培養健康的關係，我們需要學會深入了解自己，並治癒讓我們陷入這種悲慘循環的創傷，這樣我們才能在進入下一段伴侶關係時，讓內心變得更強大、擁有更多安全感。我把這個轉變過程稱為自給自足的過程。

當你從自給自足的狀態下進入一段關係時，感情中的遊戲和尋求注意力的策略對你來說就一點吸引力都沒有了。你會吸引與更能與你並駕齊驅的人。你會擁有應對所有困難的技巧和平衡，以及知道該不該或何時該離開的智慧。

作為一名執業十餘年的情侶諮商師，我幫助成千上萬的男女獲得情感上的自給自足，並吸引、建立充滿支持力的親密關係。我會做這個工作，是因為我自己的治癒之旅告訴我，我們可以改變我們在人際關係中的反應方式。對我來說，關鍵是察覺我是焦慮型依附者，而這種模式正在我所有的戀愛關係中上演。這種關係模式扎根在深深的不安全感中，並經常表現為戀愛成癮。要觀察我們是否陷入這種類型的關係中，一個很有鑑別力的跡象是，雖然我們知道一段關係正在傷害我們，但我們仍然被困在其中，或者繼續吸引到同樣類型的伴侶，使我們感到困惑而筋疲力盡。

當我發現，我在嬰兒和幼兒時期的互動，其實在神經系統中建立出了我在愛情生活中出現的能量模式時，我得到了很大的幫助。直接面對這一點，意味著我要真正認知到，試圖用戀愛關係來「修復」我內心的破碎、或者讓我變得完整，只會讓我更深陷失望和痛苦之中。我需要放慢腳步，從身邊獲取值得信賴的支持，並花時間治癒我的父母雖是出於好意、卻在我心中留下的根深蒂固焦慮。

這並不是要我們去怪罪父母，他們用他們過去所接收到的方式盡了最大的努力了。他們很可能是用他們唯一知道的方式愛著我們，但要為自我建立起堅如磐石的基礎，所需要的不只是愛而已。我們還需要父母看見我們，並陪伴我們的每一個層面，即使我們處於混亂、憤怒或悲傷的狀態時。他們也需要支持我們的各個層面，對我們正在成為什麼樣的人表現出熱愛與好奇。由於他們可以真正看見我們，所以他們可以反映出我們的內心狀態，並有能力修復他們可能犯下的錯。這一切都會為我們創造安全感，讓我們自信地成長為真實的自我。這些與父母相處的經歷，事實上正型塑著我們的大腦，並讓我們在準備交朋友和談戀愛時，能夠擁有同樣充滿富足感的人際關係。也許最重要的是，我們也把他們內化了，使他們成為一直陪伴在我們身邊的對象，並將他們組成了一個內在社群的核心，在我們的一生中養育我們。我們接下來將在這本書中，探討更多關於大腦和內化的部分。

許多父母就是缺乏為我們提供這種安全感所需要的東西。當我們將他們內化時，我們同時也吸收了他們的焦慮、憤怒或缺席，而我們就得認真進行修復的工作了。我不得不說，這個治癒過程，是我做過的最困難的事情。這意味著我們要重新審視過去的創傷，就是這些創傷一點一滴地釀成了我對關係根深蒂固的期望。讓我下定決心做這項工作的最大原因，是我第一段婚姻的結束。當我嘗試讓自己保持單身時，我才發現自己面臨許多孤獨、困惑和恐懼。我當時並不了解，那段感情關係揭露了我潛意識中深層的創傷，是為了讓我治癒它們。在這段時間裡，我開始尋求情感上能夠陪伴我的友誼，依靠那些溫暖和穩定的朋友們。這幫助我在修復內心世界時獲得了支持。他們的照顧，給了我這項工作所需的安全感，也幫助我安撫我的神經系統。我知道我內化了他們，因為在我寫這篇文章時，我能感受到他們的善意就像一個社群般支持著我。慢慢地，隨著我的治癒進行著，我不再像以前那樣迷失在浪漫的愛情中了。這個過程為我帶來了內心的平靜、穩定、對自己需求的認識以及對自己的信任感，這是我從來沒有想像過的。最終，這項工作讓我找到了一個充滿愛的伴侶，並與他建立起了更安全的依附關係。在這段新關係的包容中，我開始整合我所有的成長和新學會的意識，使我們能達到更深層、真正充實的親密關係。因此，我以一種我過去從來不知道的方式，感受到了他的支持——而作為回報，我也能夠向他展示同樣等級的穩定支持和接納。無論你現在在旅途中的哪個階段，我們在這本書中要一起探討的轉變過程，會讓你也開始了解需要哪些東西才能治癒舊傷，進而培養出健康、充滿愛與持久的關係。我會寫這本書，是因為這就是我為你許下的願望。

在這本書的前三章中，我們會把焦點放在加深我們對自我的了解，以及我們在感情中會有哪些行為。這會幫助我們產生智慧與熱情，來面對我們也許希望能夠消失的某些自我層面。這種認知和接納，便會成為改變的基石。

一開始，我們會先檢視兩種依附型態。這兩種型態都是從童年時期養成的，會使人們在成年後產生不同的感情模式，尤其是在最親密的關係中。有些人形成了焦慮型依附風格，就像我自己的經歷那樣，這與我們所有人在展開一段新關係時的感受並不相同。因為一切都是嶄新而未知的，因此這種動態並不總是在一開始就會浮出水面。每個人都會經歷很多不同的感覺，而我們每個人都有過質疑自己是不是該放手和展現脆弱面的時刻，這也是很合理的。這可能會讓人感到困惑，因為一段關係一開始總會讓人感到幸福和興奮，直到親密的恐懼浮出水面，而我們的核心創傷被激發，使我們感到迷茫和困惑為止。

焦慮型依附源自於內心深處的不穩定感，舊創傷則會使人們預期自己會一次又一次地受到拋棄。諷刺的是，這些感覺所導致的行為，可能只會將伴侶推得越來越遠：連續傳幾十封簡訊、偷看對方的手機、沉迷於社群軟體的貼文，或者變得黏人或善妒。在這一切的行為背後，是想要把這個人留在身邊、並持續獲得關注的恐懼感和迫切需要。結果呢？這只會帶來動盪、痛苦和最終再也走不下去的關係。

這本書是為了焦慮型依附者所寫的，但這也能幫助光譜另一端的人理解他們。逃避型依附也是從早期童年經歷中生根的，父母無法陪伴他們、或者無法提供足夠的情感支持，只是他們發展出另一種不同的適應機制罷了。由於他們認為在感情中依靠別人是很危險的事，逃避型依附者學會遠離親密關係，藉此來保護自己。他們通常會致力於發展事業，並在有人靠得太近時退縮。伴侶對他們做出的批評，正好是個用來結束感情的藉口。雖然這不是我的依附型態，但我與這樣的人交往過非常多次。我們會把焦點放在這兩種類型的人身上，因為他們通常會像飛蛾撲火般彼此吸引。

在下一個章節中，我們會探討我們年幼時期的自我，在此將他們稱為「小我」，他們為了盡可能使父母與我們保持連結，學會了某些必要手段。當我們開始理解我們身上最不討自己喜歡的行為，其實是為了讓生命中最重要的人與我們保持連結時，我們才會開始對自己產生同理心。這些早年留下的失落感，會帶來我們也許沒有意識到的核心創傷，而這些創傷會在成年後，驅動我們的行為模式。

帶著這樣的理解，在第一部分的最後一章中，我們會探討成年人的焦慮與逃避之舞，這就是從我們的童年經歷而來的。兩個在尋找戀愛關係的人，因為童年的核心創傷，而落入保護機制的熟悉模式之中。這便導致了美樂蒂·貝提（Melody Beattie）所謂的共同依附關係（Codependent relationship）。簡單來說，共同依附就是試著控制另一個人的情緒和行為，使我們不必再次經歷痛苦的感受。如果我可以讓你留在我身邊，我就不用害怕在內心蠢蠢欲動、擔心被拋棄的感覺了（焦慮型依附）。如果我可以離你夠遠，我就不用經歷使我內心產生黑洞般空虛的脆弱感了（逃避型依附）。雙方都依賴對方提供保護，但使用的方法卻只會帶來更多悲劇。逃避型的人會更加確信，他們就該逃避感情，而與感情連結更深的焦慮型依附者，則會在嘗試留著對方的過程中失去自我，然後經歷痛苦的拋棄。我們會深入探討這樣的動態。

在這個章節的最後一部分中，我們會談到哪些創傷會導致更危險的行為，也就是當焦慮型依附者變成戀愛成癮，而逃避型依附者變成自我中心的自戀型人格。我自己經歷過這種感情關係，我知道它所帶來的痛苦，也知道治癒這些讓焦慮型依附者變得無比脆弱的創傷，有多麼重要。

這便帶我們來到這本書的核心，**也就是治癒核心創傷，並達成自給自足**。我們會一起走過這一切。也許，當我在處理我自己的焦慮型依附型態時，我學會最重要的功課是，面對拋棄、孤獨、以及自己不值得被愛的恐懼，是達到健康地自給自足、並準備進入平衡的關係的關鍵。我們越忽視自己脆弱而受傷的部分，我們就越常得到令人心碎的感情經歷，也會更容易感受到小時候那種熟悉的拋棄與恐懼感。

作為人類，我們很難與痛苦共存，並會想盡一切辦法迴避面對內心痛苦的不適感。達到情感自給自足的內在工作（包括找出傷痛的所在之處，並帶著善意去治癒它）也是個讓人不舒服的過程，而且甚至會讓我們許多人一輩子都不想處理這些痛苦。就算我們直覺知道，我們可以藉由這個過程從不健康的依附中解脫出來，我們通常也會選擇逃避，因為我們沒有足夠的支持力量，來讓我們接觸這些深層的痛苦與恐懼。我們的社會通常會鼓勵我們獨自經歷這一切，但找到正確的人來陪伴我們度過治癒的過程，不論是諮商師、或是一兩個願意溫暖且不批判地傾聽我們的朋友，這是非常重要的。我同時也擁有這個特權，能夠牽著你的手，走過這本書的旅途。我會和你一起進行這項工作，幫助你發展出新的內在支持系統。讓你自己感到受人照顧與傾聽，也會創造出一股安全感，這是走向自給自足時十分重要，卻時常缺少的必要條件。這種外在的安全感會撫平你的神經系統，建立起關懷的內在社群，讓你能夠真正與自己同在，並在你的依附需求出現時，有意識地做出不同的回應。隨著時間過去，你會發現自己變得更有安全感了。

我們會用一個反思練習開始，幫助我們建立起所謂的內感（interoception），也就是聆聽我們身體的感覺，幫助我們與自己的內在世界產生連結。這是我們的核心創傷受到保護與隱藏的地方，必須要有人來幫助我們治癒它們。我們可以與年輕的自我（也就是小我）同在，懷抱他們的經歷，並與我們的內在保護者和內在養育者見面。你我會攜手打造這個空間，而你也會尋找其他的陪伴，例如諮商師或是值得信賴的朋友，所以你會擁有踏上這段旅途所需的一切。

開始發展聆聽內在聲音的能力後，在下一章中，你的小我便會展開治癒之旅。你可以一次又一次地回到這一章來進行引導式練習，給他們這輩子所需要的所有支持。我把這些冥想的內容錄成了聲音檔，這樣我們就能一起進行練習。這部分的旅程有時候會帶來痛苦，我們會碰觸從你小時候開始，就不斷在內心傷害你的那些恐懼與傷痛。我們會保持傾聽，並建立起能夠持續一生的內在資源，為小我帶來關懷與溫暖。就因為你足夠勇敢，你便更往自給自足的方向前進了一步。

在第二部分的最後一章中，我們會探討從無我走向自給自足的過程。還有當你結束這趟旅程時，你會有什麼收穫。我們會花一點時間複習我們一開始的狀態，然後慶祝我們得到的全新富足感。我們會繼續支持小我的復原，並建立起強壯的內在養育者社群。這一章也有引導式練習，能強化自給自足的感受，並幫助你對這個全新的穩定基礎產生感激之情。

現在，我們準備好進入第三部分了。與伴侶互相依賴會是什麼感覺？在這種關係中，雙方都有足夠的內在安全感，不僅可以互相依賴，也可以自在地體驗逐漸增長的親密關係。同時，他們可以依靠彼此，提供支持。我們可以說，他們既不拋棄彼此也不入侵彼此的空間。將這種新的相處方式融入伴侶關係中雖然具有挑戰性，但卻十分有收穫。這意味著我們要發展出新的內在和外在界線（第七章），獲得在這項工作中克服困難的技能，好讓兩個人之間的修復工作能夠強化、而不是破壞關係（第八章），並利用宇宙的資源，讓我們的生命能不斷更新表達愛的能力（第九章）。

我相信人們會進入我們的生活是有原因的，我們遇到的每個人都有寶貴的經驗可以與我們分享。我們只是要敞開心扉去接受。從這個角度來看，我們可以說，所有關係的本質都是靈性的。因此通往自給自足的道路，也是走向全人完整的靈性之旅，在這條道路上，我們試著與我們的內在自我，以及無條件的愛和支持的泉源建立起一種連結，這比我們可以用語言表達的一切都還要偉大。

在這個向內探索的旅程中，有一個深刻的奧秘。我們也許會開始覺得我們得到了神聖的支持，再也不孤單，而且宇宙確實是我們的後盾。關係神經學還告訴我們，我們就是為了這種安全和養育的連結而生的，這些連結會讓我們的身體充滿溫暖、安全的神經化學物質。相信這種靈性的連結以及正確的人類支持，我們便可以開始更加自主和創意地採取行動，增加我們讓富足的愛進入心中的機會。在你開始治癒時，你在這個世界、感情關係，以及自己內心，都會感到更加安全。

我分享這一切給你當作動力，以展開我們即將開始的旅程，這趟旅程能使你更加理解並治癒你的創傷，使你不再需要往外尋求任何安慰和養育。這本書中的所有工作，包括用以幫助你克服內心深處情感創傷和需求的引導式冥想和練習，都是為了照亮你內心世界中最需要溫柔、愛心與關懷的部分，並鼓勵你去發現，過去那些感情的動態，實際上一直在照亮這些疼痛而脆弱的部位。當你閱讀這本書時，請按照你自己的節奏，並尊重你深入內心世界所花費的時間。我們可以一起完成這個工作。

第一部分：我們是怎麼迷失自我的？

第一章　關係所扮演的角色

首先，我想讓你知道一件最重要的事：你想要進入一段關係的欲望，是全世界最自然的一件事。我們的大腦，天生就期望能與他人在親密的層次上有所連結。我們出生時，就藉由臍帶與母體相連，這是我們一開始維生的唯一方法，是生命本身的神奇命脈。嬰兒與孩提時期，我們則持續依賴父母和更廣泛的家庭團體來生存，而成長一部分的意義，則是變得更加自給自足，直到我們終於有辦法滿足我們生存的需求為止。在我們進入成年期時，我們的外在社會便告訴我們，自給自足與獨立有多麼重要，但如果我們是焦慮型依附的人，我們的內在世界便會告訴我們，我們需要在關係中與他人緊密相連，否則我們就會被拋棄。事實上，兩人互相靠近、互相依賴的藍圖，在我們呼吸第一口空氣之前就已經定下了。人類從出生就是社交生物，直到人生的最後一刻都是如此，我們一直在尋找能讓自己依賴、而對方也能依賴我們的安全對象。沒有什麼比與他人真正產生連結時，更能產生「我很安全」的感受了。

一但我們離開了自己的家庭，開始在世界上尋找與他人的連結後，我們要怎麼知道這個對象真能承擔起我們的感受，並且不會拿我們柔軟而開放的心來糟蹋呢？有了這種不確定性之後，成年的我們，便開始壓抑自己與他人產生連結的欲望，並讓自己變得超級獨立，不然我們就會開始想盡辦法讓自己待在感情關係中，並將其作為撫平內在寂寞的特效藥。雖然我們確實不再需要能確保我們會吃飽、穿暖和獲得人身安全的關係，但我們的成人關係，卻會扮演兩個不一樣——卻同等重要——的角色：讓我們用另一個角度看見並認識自己，藉此產生支持與安全感，以及與他人保持長期親密關係，藉以獲得滿足感。

在我們最親密的關係（那種能讓我們真正感到安全，並放鬆可以做「自己」的關係）中，我們便能達到更深層的存在，並發掘出真實自我受到接納時的那種喜悅。就這方面來說，我們的親密關係，就成了一面鏡子，能幫助我們見到完整的自己。在這樣的完整自我中產生了安全感後，我們便能了解自己最深層的需求，並在我們自信地進入外在世界闖蕩時，幫助我們去滿足這些需求。沒有什麼比有權表現出「自我」更正當、也更令人自由的了——而在一段健康的關係中，當兩人不斷地展露出無條件的相互接納與欣賞時，這種權利是雙向的。若是如此，衝突便是產生同理心與相互理解的契機，能讓我們更親近對方，幫助我們對親密關係感到舒適，並容許我們更輕易地給出並接收愛。

根據原生家庭與文化環境，我們建立這種安全與健康的依附時也會產生某些掙扎。也許年幼時的我們覺得自己並不受人關心，我們就會學會要如何獨處；或者我們只受到斷斷續續的照料，因此只要有人對我們投注關心與好感，我們就會焦慮地纏著對方，並不相信這樣的關注會持續存在。若我們與他人連結的根基建立在不穩固的基礎上，我們就必須醫治這些核心創傷，才能與他人建立起我們所渴望的安全關係。

什麼是依附理論？

依附理論，也就是我們所知的童年連結科學，是一九五〇年代時，由心理學家約翰・鮑比（John Bowlby）所提出。鮑比解釋道，嬰兒時期，我們都依賴照顧者來滿足我們的基本需求，而這些照顧者（我們的父母、祖父母、還有手足）照顧我們的方式，就會塑造出一種依附模式。我們與他人的關係，從童年到成年後都會受其影響。鮑比和他的同事瑪麗・愛因斯沃斯（Mary Ainsworth）同時也分出了三種不同的依附類型：焦慮型、逃避型，以及安全型。對這些依附類型的了解，就成了我做伴侶諮商的基礎，同時也在我第一段婚姻災難性的結束之後，幫助我了解自己的關係傾向。當我跌到情感上的谷底時，我便意識到，做出改變的時候到了。我發現自己的焦慮型依附型態便是造成痛苦的核心原因，我也意識到需要在內心建立起安全感，這是我這一生中一直缺乏的東西。

就如同我在序章中所說的，由於他們與父母之間的連結十分不穩定，因此那些焦慮型依附的人們害怕被拋棄。為了保護自己不再受到相同對待，他們便投入了所有精力，積極尋找一段關係。他們需要時時刻刻維持這些連結，通常會使自己的伴侶在感情上喘不過氣，因為他們就是無法對伴侶的投入程度感到安心。當這個新出現的伴侶開始退卻時，覺得自己不配被愛的感覺便會浮出水面。他們或許會開始不斷尋找下一段關係，以證明自己值得被愛，但他們尋求安撫是出自於恐懼與缺乏安全感，這樣一來，他們的索求，最後通常帶來的都是他們最恐懼的遺棄。

而逃避型依附的人，在一出現親密關係的徵兆時，就會迫不及待地想要逃離。在這樣的個案中，他們的核心信仰也是同樣的——我不會得到我所需要的愛，但這樣的想法卻是來自另一種父母：他們一直無法提供孩子們所需要的情感需求。逃避型依附的人會得出一個自然結論，那就是他們得靠自己，所以他們學著把自己的獨立與自給自足擺到第一位，因為他們不相信任何人能夠滿足他們的情感需求。

安全型依附的人，在親密關係中會感到更為舒適，並相信他們的情感需求會獲得滿足。孩提時期，他們的父母總是給予溫暖與照料，不斷告訴他們自己有多值得被愛。這使他們打從心底期待並想要在成年的關係中得到相互的依賴。他們能夠給予伴侶愛與支持，又不至於失去自我，所以他們可以輕易從與他人的親密連結中轉換成更為獨立的狀態，並且不害怕那段關係隨時會結束。

我們之中許多人，在孩提時候就經歷過不止一種依附關係。也許我們的母親很焦慮、給予的關愛又斷斷續續，而我們的父親則總是沉默地躲在報紙背後。由於我們同時擁有這兩種模式，那麼我們會表現出哪一種依附方式，端看我們現在是和誰在一起。如果我們覺得某個朋友或伴侶太黏我們，那麼我們從父親那裡經歷到的逃避反應，也許就會使我們開始抽離。如果我們和一位比較抽離的伴侶在一起，我們或許會發現從母親那裡經歷到的焦慮會開始浮現。隨著我們一起深入這些問題，你就會越來越了解自己在不同情境下的傾向、模式以及需求。這樣一來，你就能更加理解自己在感情關係的伴侶身上有何需求。

成長過程較為安全的人們，通常會不明白為什麼自己有時還是會產生不安全感。重要的是，我們需要知道，當我們的伴侶從親密關係中抽離的傾向較為強烈時，所有人都會感到焦慮。這些感覺是來自於適應性的預警，告訴你要開始注意你們兩人之間的問題了。在你的情緒處理工具中加入這樣一條知識，會讓你再一次意識到，依附關係一直都是兩人互相的經驗。

這些依附類型並沒有誰優誰劣。我們在一段關係中所表現的樣子，也是我們自我的一部分。不論是焦慮、逃避或是安全，我們與其他人產生連結的方式，都是用一生的時間所發展而來的，是我們在家庭中最好的適應方式。這不是我們需要一夕之間就改變的壞習慣，真正的力量其實是來自於理解，並在療傷的過程中和這些獨特的依附需求共存，這樣我們就更能專注在能讓我們做自己且成長茁壯的關係中。

在本書中，我們主要會專心探討焦慮型依附，我猜這也是你會最有認同感的類型，畢竟這本書的書名一定和你有共鳴，你才會拿起這本書。你或許一次又一次撫慰自己受傷的心，一邊質疑自己為什麼會老是吸引到超級獨立的伴侶，或是自戀到似乎完全無法理解你，更別提滿足你的情感需求了。而你對一段關係的看法則完全不同，你認為如果要愛人和被愛，你就一定要給出你所有的一切。而且這樣還不夠，你認為一定要無私，才是在一段關係裡忠貞。雖然感覺很令人信服，但這其實是你在戀愛關係中逼走對方最快的途徑。或許聽起來很浪漫，但這正是與自我發掘與自我接納完全相反的一條路，而這兩者才是在我們親密成人關係中扮演最重要的角色。

成人戀愛依附的理論，最早是於一九八〇年代，由辛蒂．哈珊（Cindy Hazan）與飛利浦．R．薛佛（Phillip Shaver）兩位心理學家所提出。他們開創性的研究發現，高達百分之五十六的人具有安全依附風格，而百分之二十五的人屬於焦慮依附，百分之十九的人則屬於逃避型。在接下來的幾十年裡，這些比例發生了某些改變，安全依附者越來越少，而不安全的依附卻在增加，或許是和日常生活壓力增加有關。哈珊和薛佛還注意到，我們最早的依附經驗會強烈影響我們建立成人關係的方式，尤其是那些最親密的關係。關係越緊密，就越會激發我們早期對依附的期望。

這份研究也認為，特定類型的依附風格可能會互相吸引。正如我在序章中提到的，焦慮型和逃避型的人經常互相吸引。逃避型的人可能會被焦慮型的對象所吸引，因為他們正渴望著逃避型的人如此迫切想要逃避的東西：親密關係。同時，焦慮型的人在追求穩定關係時會保持高度警惕，而「穩定」正是逃避型的人無法給予的東西。我們就以我與前夫的關係為例，仔細看看這一切是如何發生的吧。

初見面時，我們之間一切都很美好。他心思細膩，會為我們安排很多有趣的約會。最重要的是，他對我的關注始終如一。他似乎也是公開、自由地表達自己的情緒，並會毫不猶豫地告訴我他愛我。但隨著我們變得越來越親密，我們對一段關係的恐懼就越多。根據我們依附風格的不同，我們就有不同的表現方式。當他感到恐懼時，他就會退縮，而我會向他尋求安慰和保證。我的焦慮使我更想接觸他，他的逃避就會把他拉得更遠。我開始感覺到他退縮時，我便會驚慌失措，並更努力地想引起他的注意，例如連發一大串的簡訊。作為逃避型的人，他會因為我的需求和我的情緒表達而感覺受到威脅，他會封閉自己的情緒，並斷開所有聯繫。然後他就會和我分手。隨著時間的流逝，他覺得壓力減輕了，並回想起他是多麼地愛我。他會回到我身邊，並投入百分之一百五十的努力。但是一旦事情恢復正常，這個模式就會重新開始。

我想你應該能體會這種情況。對大多數焦慮型依附的人來說，這都是個熟悉的循環。這麼多的恐懼在背後驅使著我們，使我們想要用盡一切力量、不惜一切代價來維持一段關係。你可能聽過人們這麼說：「我想要一個男人來照顧我」，或是「只要結婚了，一切都會好起來的」。雖然健康的關係確實可以幫助我們成為自己最好的樣子，但請注意這些敘述中的措辭，我們認為親密關係的伴侶會成為我們所有問題的答案。抱持這樣的想法，那麼尋找伴侶的心願，就變成了我們絕望地在尋找，我們認為自己所缺乏的東西。我們沒有把我們的關係視為更加了解自己（並同時分享充實的親密關係）的溫床，而是在尋找一個伴侶來使我們變得完整。

當我們這麼做時，我們便是靠著伴侶的能量在生活，而不是我們自己的能量，因此少了他們的愛和關注，我們就無法正常運作。我們不是在需要時依靠自己的內在資源，而是要求我們的伴侶讓我們再次感到完整。這或許可以成功一段時間。我們會更有安全感，同時卻開始害怕失去這種安全感。我們告訴自己：「這就是我一直在尋找的人。」而緊跟在這種感覺後面的則是：「如果他離開我，我就活不下去了。我必須抓緊他。」為了預防這種失去，我們可能會完全放棄自我，並把伴侶的需求置於自己之上，希望他們能像我們依賴他們一樣，反過來依賴我們。

以我的一個客戶珊珊為例，她似乎一個人也能過得不錯。她從事公關工作，並擁有活力四射的社交生活。她開始和馬克交往，馬克是她一直夢寐以求的那種男人。長得俊美、工作能力出色，細心又有趣。她陷入得又快又深。他也把一切都做得很好。他帶她去高檔餐廳，整天和她互傳訊息，對她的家人都很好，甚至還會討論他們未來的夫妻生活。他們什麼都一起做。珊珊不再去上健身課程，並等著他安排兩人一起的活動。她開始想念自己的「女孩之夜」，以及週末去拜訪姊姊的行程。我可以看出珊珊對馬克的感情越用越深，並放棄了她生活中許多美好的部分。她開始全心全意地照顧他的每一個需求。幾個月後，她便百分之百確定他就是對的人了。而他就是在那一刻開始抽離的。他不再在白天問候她，週末的大部分時間也都和自己的朋友們待在一起，當她質問他時，他又不願解釋是什麼改變了。此外，馬克可能也無法告訴她他為什麼要抽離，因為她的依賴喚醒了他的童年經歷，而他自己或許根本沒有意識到。

我看著她開始分崩離析。她不知道究竟發生了什麼事，並會說類似「我為他改變了我的整個人生。我以為他會向我求婚的。沒有他，我不知道該怎麼辦」這種話。馬克看到她變得越來越失控，就變得更加退縮。看著珊珊陷入惡性循環，使人非常心碎。她不再是職場上的明星。她的朋友和家人，一開始都為她感到高興，但現在則非常受傷並覺得被她利用了，因為她在與馬克交往的期間忽視了他們。她的自信受到了嚴重打擊。她開始變得越來越焦慮，也越來越不知所措。馬克最後徹底和她分手了。珊珊則有一些認真的內心工程要和我一起處理。

現在回想起來，這段關係背後一直都存在著一股焦慮的氛圍。對珊珊而言，在嬰兒、幼兒等時期，焦慮與無法預期的成年人無法給予她穩定的關注，才會使她在依附系統中產生這種表徵。這使得珊珊十分緊張，會要求對方給予安全感和照顧，並會將此時和她在一起的對象視為她需求的主要照顧者。在這個案例中，這個人就是馬克。焦慮型依附的人，往往有一套高度敏感的依附系統，使他們自動將伴侶擺在第一位，並把所有其他需求和優先事項推到次要的位置。

這其實很合理。如果在成長過程中，你的主要依附對象很不穩定，那麼等你成年時，你也都一直在等待關係中的另一方什麼時候會一走了之。根據你小時候所學到的經驗，你會保持適當的警惕和敏感度。因此，你總是會保持高度警戒，專注在伴侶情緒的細微變化上，不斷觀察有什麼不對勁的跡象，進而失去安全感，一旦出現離去的跡象，你的身體就會開始進入不適的狀態。如果你是一個安全依附的人，如果你的伴侶沒有立刻回覆你的訊息，你可能會想，「他一定是工作在忙」。但是如果你是焦慮型，你很快就產生另一個想法：「他沒那麼喜歡我」，或者「我們之間一定有問題」。同樣地，這也很合理，因為你最早學會的就是，關係都不可靠。

還記得我是怎麼描述我前夫離開時的感覺嗎？我的心整個粉碎了，好像有什麼東西被從我身上扯下來一樣。由於我們的第二個大腦，也就是我們的心，在乎的是安全感，這種戲劇化的感覺是在告訴我，我正陷入被拋棄的危險之中。當我們產生這種感覺時，理性的想法就會消失，保護性的「戰鬥或逃跑」生存模式則會開啟，而我們認為有助於我們保持關係的行為就會開始運作。或許是不停的傳簡訊，或許是為不是我們做錯的事道歉，甚至是跟蹤，任何解決問題和重新建立連結的事情都好。有一次，我甚至開車跑去我前任家，試著在他不回我簡訊的時候去找他。從某種角度來看，這似乎完全不理智，但從我最早的經歷和對被遺棄的恐懼來看，這些行為都完全合理。這方法當然只會把他推得離我更遠，但我的觸發式依附系統只是盡可能地想要使我感到安全而已。

天生追求連結

理想中，我們的關係是要幫助我們對自我產生良好的感受，但運作中的焦慮型依附會在我們的身體中產生一種不安的感覺。每當我的前夫疏遠我時，我所體驗到的極端身體反應，都讓我覺得自己好像要瘋了，但我後來得知，這只是神經系統在我經歷與伴侶斷開聯繫或分離時的反應方式而已。了解自律神經系統（autonomic nervous system，ANS）的運作原理，使我產生了一定程度的自我同情。提出多層迷走神經理論的科學家史蒂芬．柏格斯（Stephen Porges）博士，可以為我們提供這種清晰的認知。根據柏格斯的說法，「連結是一種生物學上的必要需求」——這意味著我們在神經和心理上，天生就追求與他人的連結。讓我解釋一下為什麼我們一定要了解這一點。

自律神經系統的工作是讓我們保持與他人連結的狀態，以確保我們的安全。在我們演化的過程中，人類之所以能夠生存下來，是因為我們被納入部落或群體的一部分。在這個過程中，自律神經系統的三個分支就發展起來了，這些「迷走的神經」給了我們對內部和外部世界三種不同的回應。柏格斯創造了一個名詞「神經感覺」來描述這個過程，也就是我們的系統會如何去意識到我們是否感到安全。這個過程就像一個雷達，不斷在掃描我們身處的環境，我們的系統會下意識地問：「你和我在一起嗎？」意思是：你現在和我一樣，正以不批判的方式接納我嗎？你真的看到我了嗎？你會挺我嗎？如果我們鬧翻了，你會對付我嗎？

當這個雷達認為我們安全時，使我們溫暖地依附他人的自律神經分支就會開始運作。這會產生所謂的「腹側狀態」（ventral state）。它可以幫助我們傾聽彼此的聲音，軟化我們的聲音品質，放鬆我們的眼周肌肉，讓我們的面孔變得靈活、富有表情，使我們可以更容易傳遞我們的情緒。這些身體變化能夠不透過語言，向其他人發出信號，表示他們可以安全地接近我們、敞開心胸和並與我們產生關係。我們不能假冒這

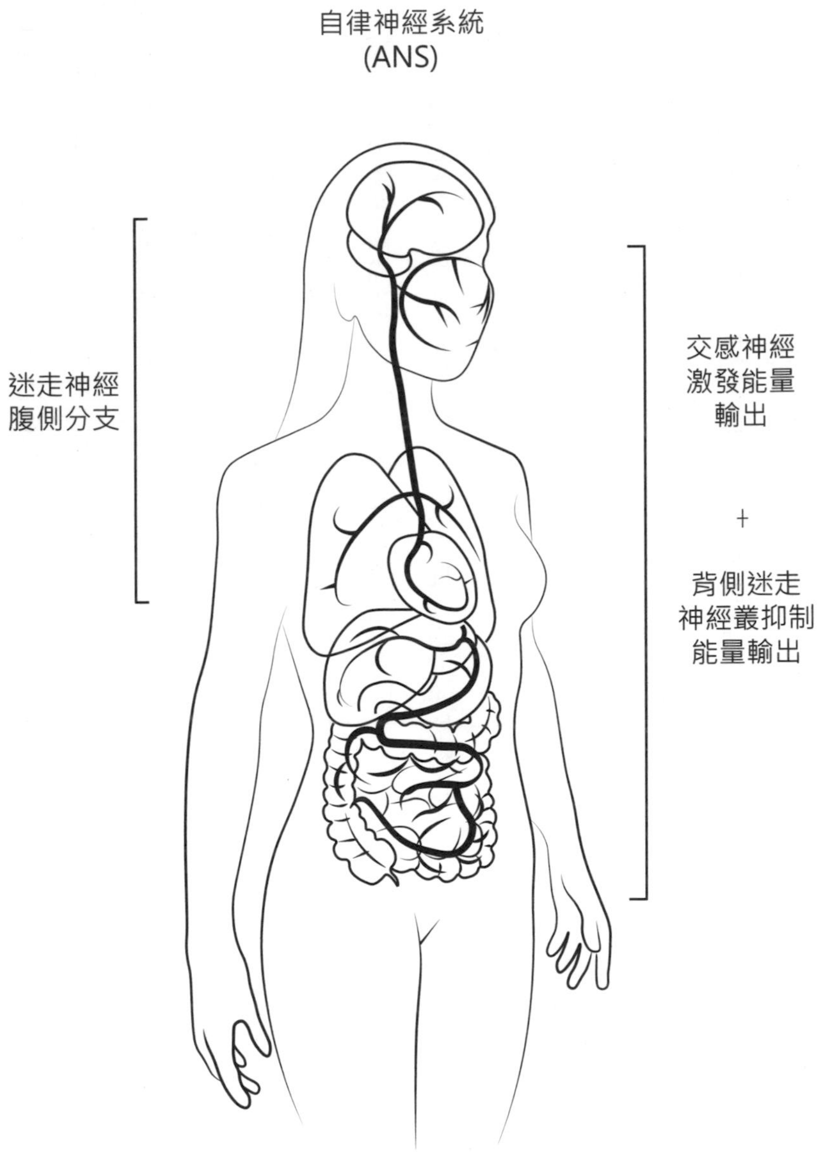
自律神經系統
(ANS)
迷走神經
腹側分支
交感神經
激發能量
輸出
+
背側迷走
神經叢抑制
能量輸出

種狀態。只有當我們在他人面前感到安全時，才會產生這種狀態——這代表當我們感到受到威脅時，情況便正好相反：腹側狀態關閉，無法產生連結。右圖顯示了自律神經系統的三個分支，以及這條訊息傳遞的高速公路如何貫穿我們的身體。

這就是每次我前夫離開我時，我所體驗到的過程。由於感覺到我被拋棄了，自律神經系統的另一個分支就會開始運作，使我處於一種被稱為「交感神經活絡」（sympathetic arousal）的狀態。這個狀態旨在保護我免受任何外部威脅所造成的傷害，也通常稱之為「戰鬥或逃跑」反應。我們的耳朵開始掃描潛在的危險，因此再也聽不見人們說的話背後的含義。我們的眼周肌肉收緊。我們的目光變得銳利。我們的聲音會產生特殊的語調，預示著危險。在我的那段關係中，我就是這樣開始不斷傳簡訊、追著他、及盡我所能地引起他的注意。更糟糕的是，當我們進入交感神經活絡狀態時，它也會引發其他人類似的反應。我們的人類神經系統非常敏感，本就是為了與我們周圍的人產生共鳴，所以當我開始向我的伴侶傳達危險時，他也相應地進入了「戰鬥或逃跑」狀態。雖然我傾向把能量用在「戰鬥」，採取行動、試圖把他綁在身邊，但他的反應則是「逃跑」。

而自律神經系統的第三個分支，只有在我們感到無比無助和恐懼、使我們覺得自己的生命受到威脅時，才會發揮作用。想像一個嬰兒在她的嬰兒床裡嚎啕大哭，卻沒有人來。她正處在「交感神經活絡」的狀態，試圖尋求幫助。過了一會，她就會安靜下來了。她放棄了希望，不覺得有人會來救她——這便觸發了自律神經系統的「背側」（dorsal）分支。在面臨極端危險的情況時，為了盡量減少能量輸出，我們系統中的一切都會減緩，包括我們的呼吸和心跳速度。我們的臉色會變得蒼白，開始與周圍的世界脫節，讓自己盡可能變得渺小和「無形」。這種消失，是面對無助情況時的一種休眠狀態，為我們緊緊抓住資源，好在未來迎接好轉的一天。例如在我的那段關係中，有時我會因為情緒激動而感到羞愧，以至於我根本不想產生任何感覺。我開始明白，這種想要封閉和隱藏的感覺，是我自己背側反應的結果，因為我已經放棄讓我的伴侶做出回應，就像在嬰兒床裡哭泣的嬰兒，最後會讓自己筋疲力竭而封閉起來。

有趣的是，這些自律神經系統的回應，都會對應到我們外部和內部的世界正在發生的事。我前任採取的行動，在外部引發了一種可怕的交感反應，而同樣也是我內心狀態的一種反應——早年的經歷帶來了我潛意識的核心信念，也就是認為別人總會在我需要他們的時候遠離我。強烈的身體感覺會驅使我採取我所做的行動，就像我伴侶的早期經歷，也讓他抽離得更遠一樣。

那麼，是否有可能讓自律神經系統覆蓋掉這些回應呢？可以，也不可以。自律神經系統會和其他神經連結，一起在母體子宮裡發育。在我們受孕大約三個月後，我們的神經系統就開始與我們母親的系統相應了。如果她在懷孕期間感到放鬆和滿足，我們正在發育的自律神經系統就會注意到這一點。在我們出生之前，我們就知道這個世界是一個安全而慈愛的地方。然而，如果她經常焦慮，我們的神經系統和神經化學物質也會與她同步，而我們來到這個世界時，便會為恐懼做好準備。出生後，我們開始與母親面對面，也開始了另一位研究多層迷走神經理論的心理學家戴布．達那（Deb Dana）所稱的「對偶關係」（dyadic dance of connection）。

無論我們母親懷孕時的感覺基調是什麼，我們都生來就希望得到溫暖的接待，尤其是來自於我們存在的最初階段就孕育和撫養我們的人。我們的母親（或主要照顧者），也是我們第一個嘗試產生連結的人，我們會尋求與她的「共同調節」（co-regulation）。例如，每當我們不開心或飢餓時，如果她在乎我們的需求，那麼她通常會提供我們安慰或食物。這告訴我們，當我們勇於表達時，我們的需求就會得到滿足。而由於當她照顧我們時，我們就會平靜下來，我們的母親也會產生溫暖的感受。媽媽和寶寶就能和諧共舞。同時，在情感層面上，我們的母親對這個新生的小人感到好奇和興趣，也是在告訴我們，我們的存在很重要。

理想中，這種共同調節就算不用口頭表達，母親或其他主要照顧者也能透過本能和無法言喻的連結來達成。在理想的世界裡，即使我們在嬰兒和蹣跚學步的幼兒時期所掌握的表達方式有限，只有哭泣或發脾氣，他們也會直覺地感覺到我們的需求。這種可靠安全感與連結的早期經歷，會使我們處於腹側狀態，並幫助我們相信，我們也會受到他人的熱情接待和照顧。同時，當共同調節發生時，我們的神經系統也會展開兩個過程：允許我們調節情緒的神經元之間會產生實際連結，我們也會將母愛的存在內化成一個恆久的內在陪伴。隨著我們自然而然地成長、變老並變得更加獨立，這兩個過程都能幫助我們感覺「舒適」，就算外部沒有人照顧我們時也一樣。

所以就像許多焦慮型依附的人一樣，當你知道我的早期生活並沒有這種迴路時，你大概也不會感到意外。我內化的母親容易焦慮、沮喪、並充滿恐懼。她不僅在我出生後經歷了產後憂鬱，她也告訴我，她一直都很擔心我。此外，她的注意力有時並不會放在我身上，因為她對自己的婚姻也很不滿意。由於我母親自己處於掙扎之中，並且陷入了自己的交感神經活絡和背側神經反應，她無法提供給我穩定的專注。因此，我的神經系統開始預期我的需求得不到滿足、重要的人只會在某個時刻出現，而且他們會無預警地與我斷開連結。我母親的個人掙扎和缺乏支持，影響了她持續和我共同調節的能力，這代表我沒有建立成年後可以讓自己的神經系統平靜下來的迴路，同時我也內化了一位只會激起我焦慮反應的母親。此外，我父親當時正在對抗憂鬱症和藥物濫用的問題，這使得他無法工作，我也將這種缺席內化了。當嬰兒對他們的照顧者所做出的自然接觸沒有得到滿足時，他們也會發展出一種身心感覺（felt sense），也就是感情、感官和身體都覺得自己有問題。因此，有許多人，包括我自己，在進入一段成人關係時，都帶著這種隱藏在內心深處和視線之外的「錯誤」感——直到我們發現自己正在走向親密關係，它再也無所遁形為止。

學會這些之後，我才明白，我與前夫失控的感覺、感官和行為，都是我年幼時就發展起來的迴路所造成的結果。我的大腦並不是有意識地選擇以這種方式來感受或行動。它只是對我的神經系統認定是威脅的信號作出反應。更困難的是，這些反應產生得十分快速，而我們大腦其他部分的運作速度則慢得多。我們體內的警報系統感知到這種斷開連結的痛苦時，我們的意識也無法阻止它。然而，我們確實有可能重新調整我們的調節能力——在嬰兒時期沒有得到穩定照顧，而在發育過程中缺失的一環。多虧了一種叫做神經可塑性（neuroplasticity）的東西，我們的大腦可以在任意年齡產生新的迴路。想要逐漸走向自給自足的道路，我們需要重新經歷那些孩提時期所需要的照顧和撫慰。我們會在本書中一起走過這段過程，從過去的正面經驗中吸收能量，來打造一位能直覺照料你的內化父母。此外，你也會學到與你現在的生活中能夠提供支持的人產生連結有多麼重要。然後，你的心中會開始產生一種前所未有的安全感。同樣地，這也會幫助你，就算在經歷過去會讓你抓狂的狀況時，也能更容易保持在腹側連接狀態。面臨人際關係中強烈的感情時，你會越來越能夠有意識地做出反應，而不是從交感神經活絡的狀態中出發。

隨著時間推移，透過練習，你神經系統中產生的新連結會逐漸強化，即使你發覺自己進入交感神經活絡狀態，一部分的你也能單純只是觀察你加速的心跳或緊縮的腹部。培養注意和理解這些生理感覺的意義的能力，而不是直接根據它們來行動，是新的神經迴路正在形成的徵兆。你也許還會發現，你的自律神經系統能比以前更快、更輕鬆地回到平衡狀態。這是另一個可靠的信號，告訴你新迴路正在建構中。最終，你甚至會發現，你的想法反映出你神經系統的變化。你會發現自己不再一直對下一個可能的威脅保持高度警戒，你會想像伴侶只是在忙工作，所以才沒有回你訊息——而不是把這當成他準備要和你分手的訊號。最後，你內心認為自己值得被愛的念頭，會取代缺乏的自我價值，你對自己孩提時期所發展出的種種保護措施，也會產生憐憫。很快，你就會發現，自己能用過去從未想像過的方式，出現在眾人面前。

童話迷思

關於戀愛，我們被填塞了太多幻想。首先，總是有個故事告訴我們，我們的伴侶應該要全權為我們的安全感與被愛的感覺負責。作為一名心理諮商師，我協助過夫妻和個人度過人與人之間的困境。但我的許多客戶並不是為了尋找真正讓人心滿足的愛才來找我的——這種愛是健康、互相依賴的感情關係，能幫助兩人各自與共同的成長。不。他們總是會出現在我的沙發上，尋求一種童話般幸福快樂結局的愛情，就像他們在電影裡看過的那樣。而雖然你有可能在親密關係中找到真正的幸福，但請務必理解，這種「一起」的幸福，都得先與自己發展出親密關係，並對相愛的感情關係真正是什麼樣子有全新的看法後，才有機會實現。

但當然，我們學到的一切都是相反的。不論是公主在一個吻之下被喚醒的迪士尼動畫，或是誰會邀請我們去參加高中舞會的鬧劇，或者是女主角永遠都在尋找自己完美另一半的浪漫喜劇，我們腦中都留下一個印象，那就是戀愛關係會拯救我們脫離可怕而孤獨的人生。如果你是焦慮型依附的人，「能擁有他是我運氣好」的念頭，可能也會導致你一進入感情關係就緊抓住對方，不管他是不是對的人都一樣。在這樣的案例中，我的工作就是幫助客戶們誠實看待他們的感情狀態，看看他們是不是也在無形中相信了這種幻想，認為他們的伴侶是來拯救他們的，而他們是不是因此而失去了與自己的連結、還有對自己的信任。我們會一起建立起一個觀念，首先，要先接納自己，先達到自給自足，他們的感情關係才更有機會成長為滿足、互相依賴的關係。

各種資訊也誤導我們相信，婚姻代表著最終的承諾，是伴侶之間愛的證明。除了希望它能為我們帶來幸福，以及物質與情感上的安全感（但這是永遠無法保證的）之外，重要的是，我們還要看看婚姻本質上究竟是什麼——這是兩個人在法律上的結合，但對他們關係的實際品質幾乎沒有任何影響。想嫁給你愛的人並沒有錯。這或許是人生中最令人滿足的體驗之一。但是，我相信，我們的社會往往太過強調婚姻是最終目標、或解決我們問題的方法了。事實上，藉由法律契約將我們的安全感外包給另一個人，或許反而會阻礙我們在內心建立自己安全感和穩定感的工作。

通常，在辦完婚禮多年後，一位客戶會來到我的辦公室，告訴我她真正決定結婚的原因。許多人告訴我，她們結婚是因為她們想要孩子了。其他人則會說她們「老了」，覺得如果現在不結、以後就不會結了。有些人承認，她們其實也知道哪裡不對勁，例如婚前協議引起了一些令人不安的問題，但為時已晚——婚禮邀請函已寄出，她們沒有退路了。諸如此類的因素，導致許多人跳入婚姻時，同時也深深覺得她們可能不是基於正確的理由而結的。很多時候回想起來，客戶都會承認她們看見許多警訊，還有她們的直覺其實不斷向她們發出強烈的警告，告訴她們這樣的結合感覺並不對勁。後來，隨著婚姻破裂，這些被忽視的問題就全部浮上檯面，並讓雙方都覺得，自己像是這個星球上最孤獨的靈魂。

另一個普遍的信念是，婚姻是愛情持續一生的關鍵。除了接近百分之五十的婚姻都是以離婚收場的事實之外，我們也必須認知到，並不是所有的關係都應該永遠持續下去。我們的大多數關係，包括我們親密的友誼，都是為了要教導我們關於自己的寶貴課程，好讓我們每個人能夠繼續成長和進步。用這個角度來看，我們好像就不需要這麼在乎事情能不能照我們所期望的發展了。更重要的是，我們要和彼此相處、並真正尊重每個人帶來的禮物。

如果一段關係的品質好壞，不是由一枚戒指和一段誓詞作為評鑑，而是以兩人在這段結合中所經歷的個人成長、以及兩人以夫妻身分的共同成長來判斷呢？當你覺得與對方的關係足夠安全，而你有時也能獨處、與自我和社會的資源產生連結，然後帶著新的能量回來這段關係時，你們就會經歷這些成長。我建議你可以這麼做，而不是試圖從伴侶關係中尋求一切的解答，這是戀愛成癮的症狀，也是關係成癮的原因（我們將在第三章中深入探討這部分）。如果我們的社會也鼓勵這種自給自足的戀愛，那不是很好嗎？

當兩個人在自己身上找到了「家」的感覺，並接納自己的模樣、接納自己的缺點並了解了自己的需求後，他們就可以合力打造一個外在的家。至此，合法婚姻的誓言（更別提戒指和禮服）就只不過是三層婚禮蛋糕上裝飾性的奶油糖霜罷了。當你們處於一種自然互相給予承諾的關係中，並擁有相互支持彼此成長和發展互相依賴的渴望時，婚姻就不再只是一個目標，而更像是一個進展。你也會感到放鬆，能以安全和永續的方式與某人一起成長。婚姻合約背後的安全感和相互接受，遠比這個契約本身更為重要。

焦慮與同理的天賦

當我們戀愛時，我們理論上該與我們的伴侶同步、並成為一個同進退的組合，對吧？就某種程度上來說，是的。在親密關係中，我們與伴侶之間會形成一種能量連結，並會產生所謂的鏡像神經元（mirror neurons），這意味著兩人的感情、心境、想法、恐懼與行動都會共享。這些感覺會在其中一個人身上產生，而另一方也會感覺得到。舉例來說，當我們的丈夫為工作感到焦慮時，我們也會感覺到壓力，而當我們的伴侶開始大笑時，我們也會咯咯笑個不停。這是我們與他人同理的天生能力，是我們與他人產生情感連結的重要方式。這些為了與他人產生共鳴而出現的迴路，通常在焦慮型依附者的身上，都發展得非常發達，因為我們過去花了許多時間和精力追著無法穩定與我們連結的父母跑。

同理心則可簡單定義為與他們人共感的能力，我們能察覺、甚至感覺到其他人的能量、心情與想法。這種程度的敏感其實是一種祝福。這就是我們與他人連結、我們成長的方式，也是我們與他人成為好朋友的原因。充滿同理心，使我們對他人抱有熱忱，並能幫助其他人知道並理解他們不孤單。事實上，我就是這樣才能成為一個充滿愛心的治療師啊！但如果沒有掌握好的話，這也有可能成為一個重擔。沒有適當的界線，我們很有可能會忘哪些是我們自己的感受、哪些是我們伴侶的感受。我們可能會迷失在他人的感覺之中，完全忘記自己有什麼感覺。

焦慮型依附的孩子會對其他人更敏感，好讓他們盡可能地感覺與他人產生連結。

其中一種表現方式，就是我們對父母的感覺會極度敏銳，這樣我們才能適應他們的不穩定。因此，當我們成年後開始依附其他人時，我們就會以孩提時期學會的方式作出回應。我們有辦法覺察伴侶的情緒狀態，並以來當作保護自己不被拋棄的方法。達到自給自足的境界，並不代表我們要關閉自己敏感或同理的能力，而是要學會怎麼樣**照顧與傾聽自己的需求**，這樣我們才能奠基於完整的自己，進而給予他人關懷。

當我們以不安全與恐懼的角度出發來談感情時，我們就很容易落入一個渴望的漩渦，想知道我們愛上的這個人的一切。他快樂嗎？她需要什麼？他說愛我的時候是真心的嗎？還是她已經準備要棄我而去了？如果我們被對方的資訊給淹沒，我們就越來越難察覺我們自己的感情狀態，也無法辨識自己的需求。

我們當然可以學習怎麼與自己敏感和天生的同理心和平共存。透過練習與療傷，你就能完全愛著對方、同時又保有明確的界線。這代表你清楚，你的需求和伴侶的需求是分開的，而且你產生感覺、或是表達你的需求，是保持平衡的重要方式。你必須要學會，感情關係是給你一個安全的地方，讓你表達你的需求，同時也回應對方的需求；這樣一來你才能培養對他人感覺的敏感度，而它不僅會成為與伴侶產生深層連結的管道，也會成為更宏大、更廣泛的愛。

這一切，都得始於我們與自己內在世界那條不可撼動的連結。我們要先與自己的能量同步，才能適時地在我們自己的需求和伴侶的需求之間轉換。我們直覺地知道要在何時於一段關係中投入能量，也知道什麼時候稍微收手、好把能量保存給自己使用。達成自給自足的過程中，我們也要學會哪些種類的關係是可以依靠，可以幫助你學會信任、感覺受到支持、還有療傷的。不管你現在有沒有戀愛關係，找到情感支持都是一件很重要的事，不論是諮商師、朋友、或是互助會，都可以在你處理自己的內在時，提供你外在協助。開始思考你的世界中，不論過去或現在，有沒有人可以給予你這種不批判、沒有條件的支持吧。讓他們知道，在療傷過程中，你或許會需要和他們談談你的經驗——這就是內在轉化。

一切都很好！

你或許一邊讀著這一章，一邊正在想：「這一切都聽起來很棒，但我的問題是，我一直遇到錯的人啊。」如果你經歷過一連串糟糕的分手、或是得不到回應的溝通，你也許很容易落入這種心態中。但把失敗的感情怪罪到你沒有能力挑選正確的對象，其實很不公平，因為這是在暗示著你是個識人不明的傻子。你發現自己不斷陷入這些感情關係中，意味著你就是期待自己這樣愛人、或這樣被愛。而這一切又要回歸到童年時期在內心紮根的模式裡。

我輔導過一個名叫妮娜的個案。她是一名三十三歲的單身同性戀女子，職業是一名會計。她是個傳統的女子，也習慣打安全牌。她跑來找我求助，表示她總是受到「渣女」吸引——那些女人總會劈腿，有時候也會有情緒暴力，在她最需要對方時搞失蹤，毫無理由地將她拋棄。經過討論與探索她的感覺後，妮娜發現，她會受到叛逆而無拘無束的女人吸引，是因為她覺得自己缺乏這些特質。她做了一些內在工作，然後發現她的自由靈魂被她的父母給摧毀了，因為他們不讓她體驗快樂、也不讓她有探索的機會。她緩緩地開始解放這些遺失的特質，卻又擔心如果她再更外放一點點，會使她變得不值得被愛。我們一起梳理過這些恐懼後，她變得更敢冒險了。她開始參加現代舞課程，改變她的穿著打扮，展現出她真正的天性，從正襟危坐的牛津襯衫改成了波希米亞女子的風格。她甚至刺了一個小小的月亮刺青。在我們的諮商過程中，她也變得更敢說話，甚至第一次表現出了健康的怒火。這一切都領導著她，開始挑戰她認為自己「應該」要如何表現的信念。不久後，她就發現自己與更善良、更穩定的女人產生更多火花，並開始了多年來第一次的穩定交往關係。

如果你和妮娜一樣，發現自己過去一連串的感情都以痛苦的方式結束，這並不代表你又選擇了錯誤的對象。在每段感情裡，你們都是下意識地選擇了彼此，你會選擇對方也是有理由的。我們會在下一章更深入探討這種動態，但這只是顯示出你有更多個人的功課要做罷了。你需要更了解自己的本質、自己的需求、還有療傷所需要的一切。當我們以「好與壞」、「適合我或不適合我」的二元角度來看待感情，我們就無法看清自己在事態發展中所扮演的角色。

在與我前夫的那段關係中，我覺得自己像是失敗婚姻的受害者，好像所有的事情都是自己發生的，而我完全無法掌控整體的情勢。但在我離婚後的幾年間，我並沒有一直從別段關係裡為自己破碎的心尋找解藥，而是開始從內在做起。我面對了寂寞，再度發掘了一些友誼、還有一些能支持我尋找新的自我的關係。你也有機會能更深入地檢視，是什麼東西驅使你下意識地依附那些會餵養你焦慮感的人，使你在一出現問題時就進入焦慮的漩渦。真要說的話，**我們不健康的感情關係，會教會我們一些最重要的人生課題。用這個角度去看，每一場爭吵、每一段可怕的分手，都可以視為一個路標，告訴我們「在此停下，並開始療傷」**。

只要我們願意觀察與學習，我們就能在每一個互動中找到更深層的意涵。我其實相信，每個與我們產生交集的人，包括家人、朋友、老師、同事，甚至我們在社群網站上互動的人們，都有寶貴的一課可以教給我們。我們只是需要敞開心胸去接受。我們與他人的互動可以加速這段發掘之旅，我們甚至不需要和他人交往，就能學到如何自給自足。有時候，當我們在兩段親密關係之間時，會比較容易開始療傷之旅，因為我們一定要靠自己完成這些功課，而且這股渴望也必須來自我們內心。另一方面，我們也不能強迫他人和我們一起踏上這段旅程。我們可以對伴侶提出要求，但我們不能說：「聽著，我在學習怎麼療傷，你最好也一起加入。你的問題和我一樣多，如果你不把自己處理好，我們就走不下去了。」就算不是感情專家，你也可以想像這句話會帶來什麼後果吧。

說到底，只有你能為自己負責。等你完成自己內在的工作後，你就會驚奇地發現此刻與未來的感情關係會有長足的進步。這感覺像是個簡單的算式：治療好你自己的傷口，你的感情關係就會瞬間進化成夢想中完美的童話式戀情。但我們也得保持腳踏實地。首先，沒有一段關係是毫無缺陷的。不管你的依附型態變得有多安全，你都還是會和伴侶有分歧。一段成功的關係並不代表沒有任何問題，你們結合的健康與否，端看你們在衝突出現時如何處理。

許多人發現這項功課還涉及精神層面。最終，你或許會發現自己的能量，與一種更偉大的愛與支持產生了共鳴，這會比你想像得更為宏大，這種連結也會反映在你與所有人的關係上。畢竟愛有許多形式，從自我的愛到浪漫的愛、再到神性的愛，最終是對於萬物的大愛。當你著手開始培養健康的戀愛關係時，沒錯，你也正在走上一條通往靈性轉化的道路上。它或許會成為一場更為強大的旅程，遠遠不只是尋找伴侶來建立一個家、或者滿足你的日常需求這麼簡單而已。奠基於自身內在的穩定，我們與他人的關係便可成為一條理解自我精神存在的途徑，將自己與萬物相連。

第二章　小我契約的秘密語言

當我們談到與他人立下浪漫的承諾時，雖然可以將婚姻契約視為錦上添花的存在，但事實是，我們與任何人建立起的親密連結，都會讓我們進入一個情緒契約（emotional pact）之中。當人們變得越來越親密，他們就會覺得自己與對方在一起足夠安全，能夠展現出自己更多的內在世界，包括伴侶或許會不喜歡的那一部分。也許一個人會開始表現出自己對某些事感到挫折。或者某人會表明，看運動節目是他覺得很重要的一件事。面臨這種展現出脆弱面的時刻，孩提時期學到如何愛人和被愛的方式就會開始在兩人內心作亂。「如果我……，你還會愛我嗎？」這個問題開始在他們內心深處不斷迴盪。人們前一次感到如此脆弱的時期是早期童年的時刻，而他們當時所建立的情緒契約，便會成為感情中重要的一環。

仔細想想，我們一天中所表現出的每一個互動，都包含了某種交換。不管是在商店裡採買雜貨，或是上班賺取薪資，或是與朋友交換八卦秘密，我們投資的每一段時間、能量，或是冷冰冰的現金，都是源自於我們期待能收到某種回饋。這並不代表我們算計、操弄、或是貪婪。這就是世界運作的方式。就和樹木吸入二氧化碳並吐出氧氣一樣，給予和接受，都是生命的一部分。用這個角度來看，我們戀愛關係的基礎，也是根據這種動態所形成的。

彼此交換理解、支持與無條件的愛，都是我們在與潛在人生伴侶簽下「契約」時所期望的，但我們經歷這一切的感知能力，卻是深受我們童年經驗與當時發展出的依附關係所影響。我們有一種與生俱來的智慧，那就是根據主要照顧者滿足我們需求（與否）的方法，調整自己面對世界的方式。由於連結是生物本能的需求，因此我們會用盡一切力量盡可能地依附我們的父母。這便會形成一種情緒契約，並會跟著我們進入親密關係中。讓我們更深入地檢視這個過程吧。

我們在剛出生的那段時間，是如此開放而脆弱，又如此依賴照顧者所給予的支持。一歲時，根據他們與我們的關係，我們已經建立起與父母相處的模式。如果我們的父母能夠感知我們的需求，如果他們對我們的小小存在有著溫暖的好奇心、並張開雙臂歡迎我們的一切，如果我們伸手時、他們能夠給予回應，我們就會走上安全型依附的道路。這會讓我們產生期望，認為與他人產生關係時，我們的需求將得到滿足、也會獲得重視與支持。我們當然都值得被愛。這種認知是來自於我們在談感情時的身體感覺，而不只是源自於一個念頭或是信念。也許你的胸口會感到溫暖、你的腹部會放鬆，你會感到敞開、也容易發笑。同時，你的眼淚會得到關心、認可與幫助。這一切都會使我們的自律神經系統一次次進入腹側狀態，編織起情緒調節的神經迴路。多好的禮物啊！

但有些父母身上帶著太重的傷，他們無法提供這種照顧。如果我們的父母一方或雙方屬於焦慮型的人，他們或許有時能與我們同在，但會時常無預警地被他們內在的傷感給拉走。這種無法預期的狀態，會使我們不知道他們何時能再與我們產生連結，使我們感到害怕、並且高度警戒。年幼時，我們很快就會學到哪些行為會導致父母消失，並開始學習壓抑那些部分。我們完全不必思考，就會開始阻止自己健康地表達喜悅、傷心或怒氣，好讓父母待在我們身邊。我們會帶著這種模式進入成年後的關係中，埋藏在潛意識裡，直到它在親密關係中受到觸發為止。然後，我們從未學過的那些與他人連結的方式，便浮上了檯面。

忙於工作、或是看重孩子的好表現與成功勝過一切的父母，他們的孩子也會很早就學到，和在世界上的成就相比，關係並不重要。我們總是孤身一人，會靜悄悄地玩耍、沒有任何喜悅，而當我們的父母回家時，我們也沒有興趣和他們建立連結。這樣的父母會樂於幫助我們提升競爭力，但當我們難過或害怕時，他們就手足無措了。這樣一來，我們好像只得到一半的支持，也就是我們智慧的那一部分，而情緒上的、與人建立關係的那一部分則受到忽視。我們太習慣持續性的壓力和羞恥感的威脅，以至於這感覺像是正常狀態，但是研究指出，這種情感上的拋棄，會使我們幾乎隨時都處在交感神經活絡的狀態。當我們進入成人的關係裡時，我們會發現自己在面對親密關係時迷失而徬徨。我們也許充滿競爭力，但卻無法理解這為什麼無法使我們的伴侶快樂起來。如果我們伴侶的需求感增加，我們就會驚慌，並把精力全部投入工作，因為那是我們**唯一**所知的連結。

當然，我們每一個人都是獨一無二的，而我們早期童年所經歷到的連結也都不盡相同。但你讀到這裡時，或許就已經認出了那些無形的傾向，是你很小的時候，試著與自己的照顧者產生連結時所產生的。那種連結是我們最基本的需求，因此我們會把自己扭曲成任何形狀，只求讓自己覺得好像屬於那個環境。

認識小我

你或許已經從上面的描述中猜出，「小我」指的就是小時候的自我。隨著我們繼續成長，每次只要我們的身體產生某種感覺，這些感覺就會傳送到大腦。大腦會把這些感覺變成「故事」，好幫助我們解釋自己正在經歷的事情。例如，如果我們因為某人的行為而感到難過或害怕，我們也許會開始覺得自己有問題。「小我」（即使到現在，他也依然是你的一部分）已經把這些經驗、感情和故事，作為記憶存在大腦的潛意識中。我們小時候所受到的核心傷害和核心支持，都會存活在那裡，而這些具象化的記憶，在我們長大成人後，依然會在我們的行為中扮演強大的角色，尤其是在親密關係中更是如此。

在接下來的章節裡，你會對你的「小我」產生更多的認識，因為在焦慮型依附的人心中，小我扮演著關鍵的角色。至於現在，先這樣想吧：由於「小我」擁有強大的能力，能用幾乎完全不被察覺的方式影響我們的行為和選擇，那我們不斷重複犯下同樣的「錯誤」，不就是再合理不過的事了嗎？我們的成年自我有意識地認定是錯誤決定和警訊的事物，通常也是我們大腦中認為愛就是這種感覺的部分所熟悉的東西。讓我們看看這是怎麼回事吧。

想像兩個四年級的學生，在學校的遊樂場碰頭。小班的媽媽不太展現情緒，只對自己的事業無比投入。儘管身為高階會計師是個充滿壓力的工作，但她還是有辦法以許多方式陪伴在小班的身邊，包括陪他寫作業、或是在他做對事情時給予誇獎。她會參加他的足球比賽，也很常表現出自己以他為傲的樣子。但她不知道要怎麼在情感上陪伴小班，尤其是在他表達受傷或怒氣的時候。只要他生氣，她就會幫助他分析怎麼「解決問題」，而不是單純地聽他說、並認可他的感受。她所做的這一切，都不代表她是個「壞」媽媽，她只是用她童年時接收愛的方式在展現她對小班的愛。她自己也是在這樣的父母身邊長大，他們不知道要如何和他建立情感連結，只會誇獎她的成就。由於小孩子會根據父母的需求和價值觀塑造自己，小班便相信，要得到愛，他就得一直「表現良好」，所以隨著時間過去，他便將越來越多精力放在做那些使他感到驕傲的事上，同時把對自己情緒狀態的注意力壓到最低，因為當他的情緒被人忽視時，他就會感到受傷。在學校裡，他獨立的態度意味著他會表現得非常有自信，而他的同學杭特則發現自己很容易受到他的自信吸引。

杭特家裡就是完全不同的故事了。她的母親通常充斥著滿滿的焦慮，似乎沒有時間關注自己的女兒。經營一個家所需要的一切，以及她並不喜歡的工作，使她很難注意到杭特的需求。有時候，她媽媽會稍微冷靜下來，幫杭特讀一本故事書、或是抱抱她，但大多時候，她只是看起來很疲倦、又心不在焉。因此，杭特認為愛總是來得快、去得也快，無法預期，而這使她感到害怕。她對母親的情感需求變得高度警戒，她可以做許多小事情，以換取母親不要那麼常缺席，例如保持安靜、好好打掃房間或是不做太多要求。她偶爾得到的些許寵愛讓她感覺好棒，所以杭特學會把自己的需求放在第二位，用盡一切方法去取悅母親。但如果行不通，她被忽視的感受就會大爆發，使她更迫切地黏著母親。在學校裡，小班便被杭特的貼心、善良與開朗的天性所吸引。

隨著時間過去，杭特和小班成了朋友——而他們也根據刻在腦中愛與被愛的原則，建立起了一個小我契約。小班會展現出獨立的一面，使杭特感到讚嘆不已，並在他選擇與她相處時，覺得自己「特別又亮眼」。而杭特則會回報給他滿滿的關注，他也會覺得自己「特別又亮眼」，好像他們兩人直覺就知道對方需要怎樣的愛與珍惜似的。雖然這段友情一開始對兩方都有好處，但是過了一陣子後，兩人的相處就顯得不自然又緊繃。雖然杭特想要更多的關注，但小班開始感到困惑，也覺得自己失去了競爭力。杭特開始厭倦自己要付出這麼多努力來維持這段關係，而當她終於按耐不住情緒、表達自己的需求時，小班便被她的情緒給嚇壞，開始退卻。杭特覺得被拒絕了，便對他感到更生氣。最後他們大吵一架——然後友情就結束了。

事情變成這樣，是這兩個孩子的錯嗎？當他們成為朋友時，他們是不是太天真了？或是他們有意讓自己走上漸行漸遠的路呢？當然都不是。他們不知道要怎麼與其他人建立依附關係。他們只是想要以自己最原本的樣子受到重視、接納和愛，而他們只是單純地，以他們**認為**能得到他們所需的愛和注意力的方式表現而已。

核心傷害從何而來

杭特和小班的故事，正好展現了童年時的核心依附創傷是怎麼產生的，以及這些傷害會如何持續影響我們與他人關係的品質。小班的家庭生活缺乏對情緒的重視，所以他產生了逃避型依附，好與他沒有情緒的父母保持連結。而杭特從母親那裡得到的關注並不穩定，因此她變成了焦慮型依附，掙扎著要得到她母親在情況允許時投注的一點點注意。他們的友情模式，以後在成人的關係中也會不斷出現，因為他們與人的親密連結都是根據同樣的「小我契約」而來。

為什麼呢？如果不多加檢視，小時候所形成的核心傷害和與之相關的關係模式，便會在我們成年的人生中持續控制我們的行為。如果有未經治療的傷痛，這部分的我們就永遠不會長大。我們或許會認為，進入一段戀愛關係時，大家都是完全成熟的大人了，但我們受了傷的小我，通常還是只會做他們唯一知道該怎麼做的事。

由於我們的某些基本情感需求沒有得到滿足，這些核心創傷在早期童年就紮根了。有些父母錯失了一點點，有些父母則錯失了大半的時間。我們需要安全感、關注、回應、愛和輕鬆的連結。正如我們在上一章中提過的，在嬰兒與幼兒時期，我們會依靠主要照顧者來滿足這些需求。不論出於什麼原因而導致這些連結沒有發生，我們就會陷入情緒混亂的狀態。即使在功能健全的家庭中，這種情況也有可能發生。我們的父母只是普通人，現代生活的節奏，再加上沒有其他家人的支援，我們當然不能要求他們一整天、隨時隨地都百分之百地滿足我們的需求。然而，如果他們能表達出他們想念我們、並在我們面前提供無條件的愛與喜悅，就足以將我們培養成安全型依附。如果我們的需求始終無法得到滿足，我們的父母也沒有注意或修復造成的傷害，這個需求就會形成核心傷害。小班需要讓情緒有安全的出口，而杭特則需要一個夠穩定的母親來給她安全感。他們適應這種狀態的方法，使他們能盡量得到父母的照料，但遠遠不及他們的實際需要。所以當他們兩人步向成年時，他們的傷痕早已根深蒂固。

是時候暫停一下，稍微進行反思了。讀到這裡，你是否逐漸察覺你父母能滿足你安全感、關注、回應、愛和輕鬆連結中的哪些需求？哪些是他們做不到的？就算他們是好意，但父母也有自己的創傷，而這通常會使他們難以給予他們沒有得到的東西。

在這裡暫停一下，聽聽你心裡的聲音，我們就可以一起展開這趟旅程了。

我們與父母的依附經驗，和我們大腦發展的方式有很大的關係。這是怎麼運作的？杏仁核是大腦的一個重要部分，與我們面對威脅時的情緒反應有關。為了發揮這個功能，它會記憶我們如何應對童年時的可怕經歷，好建立我們未來應對類似情況的藍圖。這是大腦保護我們的一種方式。如果我必須在餐桌前正襟危坐，我爸媽才會接受我，我的大腦便會警告我不要表現得太頹廢，就算我是自己公司的執行長也一樣。這個訊息來得太快，我們在面對可能對安全構成直接威脅的情況時，便會不假思索地做出反應。當然，我彎腰駝背也不會有任何危險，但我的大腦並不是活在當下，相反地，坐姿頹廢的舊訊息在這一刻是再活躍不過了。這是一個無關緊要的小例子，但當這個「威脅」不再只是要不要隨意彎腰駝背，而是一個冷淡而疏遠的戀愛伴侶時，我們的風險更大了。

在杭特與小班的互動中，被拋棄所造成的核心傷害，會在焦慮型依附者的心中啟動。對焦慮型依附的人而言，他們的需求無法穩定得到滿足，因而產生被拋棄的恐懼，並會導致他們的依附系統隨時進行戒備，他們的自律神經系統也會處於交感神經活絡的狀態。這代表他們的杏仁核對於拋棄的跡象非常敏感。他們本能的適應反應便是專注在對方的需求上，而如果這樣還行不通，便會迫切地黏著對方，希望對方能安撫他們的自律神經系統。至於逃避型依附的人，他們的核心創傷則是與情緒忽略有關。他們的情緒在童年時期被人忽視，因此大腦便豎起一道牆，將產生這個需求、並因為需求被忽視而感到痛苦不已的部分，與專注在表現上的部分區分開來。當他們感覺到親密關係的威脅時，他們覺得自己的情緒會再度受到忽視而產生極大的痛苦，因此他們的系統便關閉起來，只專注在手頭上需要完成的工作。這對兩人來說都是自動發生的，是為了要保護他們免受核心創傷無法忍受的痛楚。

為了在人際關係中好好運作，花一點時間察覺並陪伴這個受傷的小我，就是非常重要的一步。我會陪著你一起，學習如何面對小時候這些艱難的經歷。我會指引你傾聽內心小孩的聲音，好給予他們小時候沒有得到的關注和照顧。這是達到自給自足的必要步驟，而我會在本書的第二部分中，陪伴你完成這一切。但首先，我們必須先找到內心的核心傷害。根深蒂固卻痛苦的小我契約，是我們情感關係中一切掙扎的基礎，而踏出第一步，我們才能重新編寫這個契約。

哪些部分最痛苦？

簡而言之，當我們的基礎需求一直沒有獲得滿足時，我們就會產生核心創傷。隨著時間過去，這便會形成一種保護模式，持續影響我們的行為，以及我們與他人相處的方式。這些創傷通常從童年時期開始發展，逐漸變得堅不可摧，而我們和別人的相處模式也很難改變，所以我們會戴著這些創傷所形成的有色眼鏡來看待這個世界，以及我們與別人的每個互動。隨著時間過去，我們會太過習慣與這些創傷並存，同時又太過相信這些創傷已經深植我們心中、因此它們似乎已經是我們的一部分了。我們就成為了這個改造版的自己。

讓我們仔細看看我客戶嘉莉的案例。她正用盡全力在追求愛情，但她的創傷使她無法形成更深層的親密關係。當嘉莉開始評估為什麼談感情似乎都會失敗時，她發現在追求階段過後，她就會一直感到失望，因為男人開始對她的外表不那麼感興趣、並且想要更深層的連結。隨著他們付出注意力的方式產生變化，她便開始感到焦慮，然後是迷茫與孤獨。從她很小的時候開始，她的父母就時不時會關注她，但總是圍繞著她好看的外表打轉。其餘時間，他們只會打發她，並把注意力轉移到他們忙碌的事業上。她開始覺得自己唯一有價值的部分就是她的美貌，所以每當她感到迷茫、難過或害怕的時候，她就會自動認為那些部分的自己是不值得關注的。這種模式使她產生了這樣的想法：「只有我的外表才重要」以及「除此之外，我沒有任何價值」。

這當然不是事實，但這是她父母唯一認為她有價值的地方，她也無法發展其他部分的自我。當她媽媽說：「別哭了。沒人喜歡妳哭紅的眼睛。」或者她的父親向她保證：「不要擔心妳的課業表現，因為妳的美貌會為妳打開所有大門。」她就感到無比痛苦。嘉莉最受傷的部分之一，是她父母從不允許她探索自己的興趣。嘉莉告訴她的父母她很想上藝術課程時，他們就會立刻阻止她：「這有什麼意義？藝術不會讓妳活得更快樂，而且妳已經夠忙了。」她告訴媽媽她對某件事感到難過時，她媽媽便會說：「我知道這很痛苦，但是，嘿，至少妳很漂亮吧。」嘉莉從不覺得他們有聽見自己最真實的聲音。

她把所有的注意力都放在維護自己的外表上，不僅沒有機會發揮她強大的藝術天賦，也沒有意識到悲傷和憤怒等情緒也是她重要的一部分。相反地，她最深刻的核心傷害便是恥辱。隨著時間過去，她覺得自己毫無價值的感覺，逐漸發展成大人的信念，認為她一定要是因為長相而被愛的，否則她就會感到深深的被遺棄感，就像她父母忽視她豐富的情感生活時那樣。好像她的腦海裡一直有一個聲音在說：「不管如何，都不要讓他們從妳身上轉開視線！」

但是，等等，難道她不能一直尋找下去，直到她找到一個願意一直專注在她外表上的伴侶嗎？可惜，事情沒那麼簡單。由於這個核心傷害已經成為嘉莉的一部分，她會帶著它進入每段感情中，並向她的伴侶傳達這樣一個訊息：「你必須一直把我視為世上最美的人，而且永遠不能對我提出更多要求。」與此同時，在內心深處，她最堅定的信念卻是：「雖然我知道自己很漂亮，但我沒有什麼可以給你的了。」如果她不自覺地吸引了一個只對她的外表感興趣的伴侶，她便會遭受父母給她的那種痛苦。如果她吸引到一個真心想更深入了解她的人，那麼當此人不再關注她的美貌時，她就會感到恐慌。這個核心創傷讓她退無可退。

如果這一切都在我們不知不覺中發生，那我們該如何打斷這種模式？首先，我們要記住，修復我們的創傷並不是我們伴侶的工作，我們也沒有責任要找到一個會奇蹟般地了解我們、並知道如何治癒我們創傷的人。重點是，**我們要辨認出那些創傷，看它們是從何而來，將它們與那些使我們的思想和行為固化的痛苦和恐懼連結在一起，再將之治癒**。在我們做到這一點之前，這種重複出現的模式便會依照非常相似的劇本，不斷在我們的感情關係中出現。

隨著時間過去，像嘉莉這樣的創傷或許會結痂。然而，它會不斷在每一段親密關係中反覆出現，很快地，她就會開始習慣這種痛苦。最悲慘的是，我們通常都會一直受到吸引，去不斷重複經歷這些核心創傷，就像是能量磁鐵一樣，因為我們內心深處相信這些事都是真的。

我們在年幼時期最常面對的感情經驗，通常會產生以下幾種常見的信念：

- 我會遭到拋棄。
- 我不值得被愛。
- 如果我展現真實的自我，我就會被拒絕。
- 我會感到羞恥或難為情。
- 我不能信任其他人。

- 我不夠好。
- 我得努力才能贏得愛。
- 我需要人，但我不能依賴他們。
- 我的工作就是讓其他人快樂。
- 其他人總是從我這裡拿走東西。
- 這個世界很不安全。
- 壞事總是會發生在我身上。
- 人們只會在我做對事情時才愛我。

認清核心創傷的步驟

要開始熟悉你的核心創傷，我們就用嘉莉的故事作為例子繼續看下去，一起走過這個過程。

第一步：你吸引到什麼人？

看著她的戀愛歷史，嘉莉發現她的伴侶總是有以下幾個特質：他們對她著迷、事業心重，而他們只有在追求她的時候才會投入感情，等到她給出承諾時，他們就會拋下她。至於更深的層面，她的伴侶通常都極度專注於事業上的成功，當他們把注意力轉回到工作時，她就開始覺得寂寞和被人拋棄了。問問自己：

- 你的戀愛伴侶通常都有什麼共通點？
- 他們在感情中對待你的方式，有什麼共同之處？

第二步：你的相處方式是什麼？

嘉莉總是對斯文、帥氣、工作高度成功的商人有興趣。他們會喜歡她，則是因為她看起來性感又自信。但是，這些人只有在開頭時能夠陪伴她，但他們太在乎自己的事業了，似乎只把感情生活放在第二位。他們在重要的對話中總是缺席，也不知道該怎麼表達他們的覺。因此，嘉莉開始覺得自己情感有所缺乏，她可以靠著性感的穿著來博取他們的注意力，卻因為感情缺乏深層連結而覺得自己被拋棄。問問自己：

- 你和伴侶的溝通中有什麼空缺？
- 你覺得有哪些事是你無法自由表達的？
- 你表達哪些事的時候，對方卻忽略你？
- 你在感情中，不斷重複經歷到的負面感覺有哪些？

第三步：讓時光倒轉。

嘉莉的母親非常漂亮，也很看重她的容貌，而她的父親是一位多才多藝的律師，幾乎永遠只專注於自己的工作。她基本上只有容貌會得到稱讚和喜愛，沒有人花時間幫助她更了解自己的全部內在。她甚至記得，有一次他們告訴她：「別擔心，親愛的，妳這麼漂亮，想找男友絕對不是問題。」因此，她經常在對他們的崇拜和內心空虛的悲傷之間掙扎。這代表著被遺棄的核心創傷，並持續在她的關係中佔據重要的一角，使她相信，人們只看重我的外表、最後也一定會離開我。問問自己：

- 你小時候受到的照顧中，缺乏了什麼？
- 你記得哪個特定事件，特別明顯地讓你感受到這股缺乏嗎？

- 當你回想這個經歷時，你的身體有什麼感覺？
- 你相信哪些得到愛的方式？有哪些是從這個經驗中而來的？
- 你現在的感情經驗，如何反映出你童年時的經歷？

第四步：將你的模式表格化。

為了讓你更加清楚自己的童年核心創傷如何影響你的親密關係，你可以做一張表格來紀錄。首先，寫下你找出的核心創傷，以及它所帶來的信仰。然後描述你童年第一次體驗到這些創傷時的狀況。最後，紀錄它們在你的成人關係裡重複激發的方式。

以下的例子是嘉莉的表格：

我的核心創傷：	我總是會被拋棄。
小時候的創傷經歷：	我父母從來沒有幫助我了解自己的其他層面。

我對於自己的信念： 我的需要並不重要，而我只需要扮演好我的角色。
這會如何影響現在的我： 我吸引到很多男人，但沒有人想要了解我。
我產生的身體感覺和情緒： 傷心、心痛、肚子緊縮、憂鬱。

紀錄下自己的模式後，嘉莉也意識到，她的核心創傷被激發時，她便會壓抑住自己感到被拋棄的那一部分，並繼續過自己的日子。畢竟，她的伴侶（就像她父母一樣）會照顧她的生理需求，給她住所和食物，所以她覺得自己必須心懷感謝，儘管因為缺乏無條件的接納使她內心感到無比空虛。為了從過去的感情經驗中學習，請花一點時間想想，當一個核心創傷被碰觸或激發時，你是怎麼回應的。舉例來說，你會逃跑、躲起來，或是用憤怒或哀傷的情緒反應？你會關閉自己的情緒，或是一路鑽牛角尖，不斷進行負面的自我對話？

嘉莉的拋棄創傷只是個例子。也許你的父母有經濟問題，並借用了你暑假打工的錢來付賬單。這或許會使你吸引到那些失業、破產、或依賴你來獲得安全的伴侶，並使你堅信，你必須提供經濟安全才會被愛。也許在一起三個月之後，你就會把人推開，因為你的核心創傷表示，沒有人是值得信賴的。或者，也許你會在認清一段感情行不通後，卻仍然死死維持那段關係，因為你的核心創傷是對孤獨的恐懼。無論你發現你的核心創傷是什麼、又帶來什麼令人痛苦的模式，我們都可以開始治癒它們了。此時，就算只是**意識**到它們的存在也會有所幫助，因為你更有機會知道什麼時候該放慢腳步、專注於療傷，而不是一頭栽進新的關係中。如果你還是沒有意識到它們的存在，你可能會發現自己陷入和蘇珊與丹恩類似的處境。

蘇珊與丹恩

在外人眼中，蘇珊和丹恩在一起似乎還算快樂。但關上門後，他們卻面臨了一些問題。他們喜歡外食，不過蘇珊也會規律地在家做飯。當她有煮飯的時候，她會要求丹恩清理廚房，並把碗盤放進洗碗機裡。大多時候，丹恩都會記得，也很樂意在用餐完畢後幫她善後。但有時候，丹恩會忘記她的要求，通常都是在他的工作特別辛苦的那一天，他會只想要坐在電視機前放鬆。

這種狀況發生時，蘇珊都會生氣，覺得不被重視。但她害怕提出自己的挫敗感，因為她受了傷的小我擔心，要是讓丹恩生氣的話，他就會離開她。她遺忘的核心創傷使她在內心深處、下意識地相信，只有保持丹恩的快樂，她才會得到他的愛，這是焦慮型依附的人常見的信念。所以她沒有讓丹恩知道，他忘記清理廚房時都會讓她不太舒服，而是把自己對於幫助和認可的需求縮到最小，並對丹恩的需求表現得更為體貼，來彌補她的缺乏。

直到某個星期天晚上，蘇珊又做了一頓美好的晚餐。她整個下午都在廚房裡備料、做飯與烘焙。丹恩整天都期待晚上要看一場體育比賽，所以晚餐過後，他很快就躲進了自己的小角落，打開節目。蘇珊爆炸了。她再也忍受不了自己的挫敗感。所有堆積在體內的怒火傾瀉而出：她侮辱了丹恩，咒罵他，砸壞了一些碗盤，而接踵而來的爭執也帶來了感情裡巨大的裂縫。

丹恩完全不知道，他不幫忙善後的行為，使蘇珊有多麼不開心。他一無所知，並不是因為他是個差勁的伴侶，而是因為蘇珊從來不表達她的不滿。當然，他知道她感激他的幫忙。但蘇珊因為害怕失去他，而一直壓抑自己的需求和真實的情緒。她不斷迴避衝突，直到她自己退無可退，而她的不滿一直累積，直到蘇珊受傷的小我別無選擇，只能爆發。她對於丹恩離去的恐懼，無形中反而使她離這個結局更靠近。

致命的吸引力

讓我們看看小我契約是如何在成人的約會世界中運作的。兩個人在交友軟體上認識後，立刻就產生了連結，對話一來一往，感覺無比自然。他們傳的訊息越來越多，不久後，他們就開始大量相處。他們先去找地方喝咖啡，然後是喝酒，然後他們一個星期開始見面三到四次。

從外在來說，這段感情的進展普通而健康。這不就是人們一心在尋找的連結嗎？但沒有人發現，他們兩人都有一個小我，也從一開始就參與在這段感情中。如果他們的小我得到需要的照料、並長成安全型依附的模式，那我們就可以想像這段關係會進展得相對順利。但是，如果某一方有著嚴重的核心創傷，那麼潛意識之下，他們很有可能在對方身上看見了過去經驗中熟悉的部分。我們的系統有著出乎意料的敏感程度，能夠查對方內在的狀況。我有一個客戶表示，如果我把二十個男人排在一起，她不用認識他們，就能夠一眼看出誰是劈腿慣犯。我們談感情時，全都帶著無意識的期待，並會在兩人的連結進化時開始展現。

每個人的期待都大相徑庭。也許我們想要重現並重新激發童年創傷，好讓我們可以試著修補自己。也許我們想要保護自己，免於心中最大的恐懼，像是被拋棄、或是為另一個人的身心靈全權負責。又或者像是我們在第一章中描述健康感情狀態的地方所提到的，我們會想要更了解自己、並產生靈性的成長。

雖然在關係開始時，我們通常會無法察覺，但一旦遇到第一個阻礙時，你和伴侶的小我之間的所簽訂的潛意識契約，便會幫助你發現還有哪些更深層的工作要做。例如，當朱莉開始與她的小我建立更多連結時，她便意識到她與新伴侶史蒂夫的關係正在激發她的舊傷。朱莉是四個兄弟姐妹中最小的，所以她的情感需求在童年時無法隨時得到滿足。她沒有得到所需的關注，因為她的父母實在分身乏術。另一方面，在她遇到史蒂夫後，她發現他很體貼，而且非常樂於陪伴她。他立即滿足了她的需求，而有一段時間，朱莉的小我感覺到了安全與被愛。但隨著時間的推移，史蒂夫變得越來越有掌控欲。顯然，他只有在能夠掌權的情況下才願意付出感情。這使得朱莉的真實需求和自我都被邊緣化了。她不再感覺被愛和受到支持，而是感到困頓。她的工作是要意識到，她對他注意力的需求，使她失去了照顧自我內在世界的能力，從而導致了她的自我拋棄。

花一點時間檢視你現在與過去的感情。你有辦法找出你在無形中，與不同的伴侶所簽訂的小我契約嗎？它們是什麼模式？「如果你和他在一起，你就永遠不會孤單了。」一個小我也許這樣向你保證。「如果你願意和我在一起，我會讓你做所有的決定。」另一個也許是這樣說的。

我們知道，我們所有的人際關係，都是根據互惠的基礎所建立的。所以我們會想要找到「懂我們」、或是知道我們有什麼需求的人。當這種協議需要否認某一方完整而真實的自我才能成立時，問題就來了。在這個例子中，雙方都無法和對方達成共識。結果呢？會帶來挫折、敵意與責怪，然後是另一段「失敗」的感情。此外，一但這種類型的契約出現，你就更難認出並治療它所奠基的核心創傷了。你會覺得愛情使你變得盲目。

關係中的能量之舞

我們用另一個不太一樣的角度來看看這回事吧。記得我說核心創傷就像是能量磁鐵嗎？首先，讓我們看看能量是怎麼運作的。量子理論告訴我們，宇宙中的一切都是由能量所構成，包括我們的想法與感覺，它們各自都擁有自己的電磁力場。這代表，光是我們的想法（不管是我們有意識的想法、或是潛意識的核心模式），就有能力「以磁力吸引」符合它們能量痕跡的情況。這也解釋了我們為什麼老是神秘地受到某些人吸引。簡單來說，他們對自身和世界的信念，會與我們產生能量的配對。

這也顯示，我們的核心創傷所產生的任何能量模式，都會讓我們在關係中一次又一次地簽下同樣可能令我們感到痛苦的小我契約。例如，如果杭特下意識地相信「我必須努力奮鬥才能贏得愛情」，那麼她會將這種信念的能量投射到她的世界中，從而吸引到使這種信念成真的狀況與關係。不知不覺中，她其實是在藉由內心的期望，重新塑造身邊的現實。

由於我們的小我會抓著過去的創傷，直到它們獲得治癒為止（透過達成自給自足的過程），所以這些創傷的能量或情感力場仍然埋藏在我們體內。作為能量生物，我們靠著一種自由流動的能量，好在這世界中正常運作。沒有任何方法可以釋放我們核心創傷中所埋藏的能量，它會隨著時間進展而積累，導致情緒爆發（就像我們在蘇珊的故事中看到的），或者表現出焦慮、憂鬱、上癮和自殘等情緒問題。當諸如此類的問題出現時，代表著我們受傷的小我沒有安全感，並且正在尋找自我安慰的方法——包括新的、似乎正好能提供安慰的親密關係（新鮮的能量補給），並認定那就是我們一直在尋找的東西（我們則會對依附產生無法滿足的「渴望」）。當我們用這種方式與另一個人簽訂小我契約時，我們自己的情緒能量卻沒有自由流動或得到補充。

由於能量停滯，我們也開始缺乏創造力和自發性，並且會感到沮喪、不安和匱乏。我們會難以進入更高層次的自我，也無法在世上找到精神連結或存在的意義。我們的直覺，以及與生俱來就知道某事對我們來說是好是壞的能力，會與我們脫節，使得我們無法做出對自己最好的決定。即使我們認為自己正在做一些對我們有益的事，但實際上我們可能正在造成更多傷害。基本上，我們就是以生存模式在生活，因此，我們的生活會感覺缺乏真實、持久的快樂與滿足感。

與我們核心創傷的能量一起進入伴侶關係，意味著我們不是在選擇能幫我們敞開心扉並一起成長的伴侶，而是將這種關係作為另一種快速解藥。一開始，我們可能會因為這個新的人帶給我們生活新的能量，而覺得轉移了注意力、或是暫時平靜下來。也許，隨著關係不可避免地惡化起來，我們就能把痛苦怪罪到他們身上，從而使自己得到解脫。但是，我們越是迴避能量被壓抑的根本原因、而不願努力去釋放它，我們就會越深陷於其中。

現在，讓我們將這種關係，與在情緒健康的狀況下所建立的親密關係做個比較。當我們意識到自己的核心創傷時，我們便可以發現生活中的哪些領域需要我們的注意，並在愛護我們的人們支持下，治癒這些傷口。在這個狀況下，與伴侶簽訂的小我契約，便是基於自由流動的能量交換。這就是所謂自給自足的意思。例如，瑞秋開始覺得自己與同儕產生了距離。她的工作太累了，使她無法常常外出，所以雖然她有伴侶，但她的生活中並沒有真正意義上的社群。在自己自足的狀態下，瑞秋便能夠為自己的孤獨感和分離感留出空間。她意識到，她在童年時期經常產生這種感覺，並注意到這些感覺就像是與生俱來的一樣。她與她最好的朋友分享這些感受，而她的朋友非常樂於傾聽、而不是試著提供意見。這使她不會反射性地跑去找她的伴侶來拯救她，也不會把她的孤獨感怪在伴侶頭上。她的小我感到滿足和受到關心，瑞秋也開始注意自己對於社群的需求。她可以成為附近瑜珈教室的會員，或者加入一個非小說類的讀書會，和大家討論她感興趣的議題。認知到自己對社群的需求並沒有獲得滿足，她便採取積極行動，為自己創造這樣的改變。

但如果沒有這種意識和療傷的舉措，她自己的能量流動就會阻塞、或者無法供應，而瑞秋的本能反應，可能是讓自己更深入地沉浸在戀愛關係中。她會花更多的時間陪伴她的伴侶，寵愛他、希望他能夠給她所需要的一切來作為回報。當他想與朋友出去玩、或獨自去健身房時，她可能會變得沮喪或仇恨。截至目前為止，瑞秋已經變得太依賴伴侶來滿足她的所有需求，就連那些他根本沒有資格去滿足的需求也是。因此她感到憂鬱，他們的關係也變得緊張。

第二個版本的瑞秋，正好是一個人陷入共同依附（Codepemdency）的經典例子。這個詞指的是某個人或兩個伴侶，都專注於對方的需求上，使自己不必去感受自身的痛苦和恐懼。是的，我們是相互依附的生物，我們都需要與他人建立連結，但是當這種連結是出自於恐懼，或當伴侶成為我們情感和能量滋長和支持的唯一來源時，共同依附就會出現。我們會在下一章談到，在這種情況下，我們對伴侶的需求會變得非常敏感與富同理心，使我們甚至忽略了自己的需求。這通常是因為我們擔心，要求對方滿足我們的需求會帶來拒絕或拋棄。因此，我們無意識地吸引了那些「需要」我們的人，誤以為這是他們「愛」我們的表現。根據恐懼做出反應，會阻礙能量的流動並壓垮我們的直覺。

為了幫助你想像能量運作的方式，請你想像一條能量線，將你的頭和心臟連在一起。有趣的是，這也是當我們處於腹側狀態、並對安全的連接敞開心胸時，會觸發的神經通路。這條能量線從我們的頭頂開始，將我們連接到宇宙的能量流動，穿過我們的大腦，達到我們的心臟。當我們位於中心點並與能量和諧一致時，能量便很容易在這三個中心之間流通，使它們能夠相互連結與交換訊息。這個系統順利運作時，我們便能夠與我們在治療中所找到的內在資源產生連結，並補充我們自己的能量資源。我們會成為自己的流動能量的活水來源。我們會更有能力做出符合我們現在模樣的選擇，而不是按照過去建立的潛意識模式來撫慰受傷的小我。更重要的是，我們也能為關係帶來湧流的新能量，幫助我們和伴侶成長。

假設能量中心之一因為不為人知的核心創傷而受到阻塞，也許是因為害怕被拋棄（例如蘇珊），我們的心封閉了起來，而我們為了讓別人快樂，與自己的感受脫節。或者我們為了免受批評，而故意對伴侶撒謊，使我們的肚子和大腦中產生了一個疑神疑鬼的結。也許我們忽略了靈魂的呼喚，因為害怕孤獨而對自己的直覺充耳不聞，並且做出對我們並不是最好的選擇。在以上這些例子中，核心創傷都會受到觸發，我們的能量流動被阻塞，而我們可能會開始完全依賴伴侶來調節我們的能量系統。

當我們不斷只靠外力來給予我們能量和保持穩定時，我們就會失去自己的重心，關係也會變得不平衡。這代表如果我們進入一段關係，並將我們所有的安全感都加諸在戀愛伴侶身上，而沒有培養出調節和補充自己能量系統的能力，這段關係便會失去動力。如果我們唯一的安全感是來自於一段關係，而這段關係突然出現了困難，我們很可能就會卡住自己的能量系統，並瘋狂地想用盡一切方法來吸收對方的能量系統。由於我們感到害怕，我們便開始浪費自己的能量，這會導致我們感到十分氣餒。隨著時間進展，有時甚至只是一夕之間，我們會變得只依靠對方來確保我們的安全。**我們沒有健康地互相依賴，而是陷入了共同依附**。對於許多焦慮型依附的人來說，這段旅程或許會看起來很眼熟。在下一章中，我們會花時間探討焦慮和逃避型的人之間的進退，試著加深我們的同情與理解，並準備好展開我們自己的療癒工作。

第三章　焦慮與逃避之舞，以及其他

就像我們在第一章中提到的，安全型依附是由我們與主要照顧者共同調節的能力所形成的；而這通常是來自於一個母親的形像。如果她能根據我們的需求而有所調節，這種共同調節的能力便會在我們身上自然發展。在剛出生的初期，我們剛與母親面對面的時候，嬰兒沒有辦法說「媽媽，我需要你抱我起來」或者「媽媽，我餓了」。相反地，這裡的共同調節會是出自於快樂的面部表情、對我們哭聲所作出的回應，以及告訴我們她理解我們需求的語調。這一切都是由看不見的化學作用的相互推動而成的。媽媽沒辦法第一次就就理解正確，但如果她在乎我們，她就會繼續嘗試，直到我們能夠一起平靜下來玩耍或室休息。每當這種情況發生時，我們非常年幼的大腦，都在為這種連結鋪路：這樣的雙人舞蹈，在我們成年後的浪漫關係中，依然會繼續上演。

在一段健康並相互支持的關係中，這種互相關心和提供安全的能力，能夠幫助伴侶理解如何用最好的方式回應他們愛人的需求。但是，如果兩個人在童年時期，都沒有學會如何共同調節，他們基本上也沒有能力真正看見彼此、或者和對方相處，對於那些焦慮或逃避型依附的人來說，這就是最根本的問題。而這樣的結果要不就是直接爆炸，要不就是靜悄悄、但是十分悲慘。當這兩種極端的人互相吸引時，更是如此。雙方都在尋找他們在童年時期錯失的東西，但兩人都無法提供給對方。

說到底，我們對無條件的愛、支持和理解都有同樣的需求。那些焦慮型依附的人表達出對不斷保持連結和獲得保證的渴望，而逃避型的人在擁有足夠的空間和獨立時，才會感到最安全。還記得小我契約背後的理論嗎？這些不同的關係藍圖，發展成各種不同的生存策略，以應對童年時期情感上不穩定或疏於照顧的狀態，而每當我們在成人關係中遇到類似的模式時，就會觸發這些策略。最終，那些能證明我們潛意識裡對「這就是愛」的信仰行為，才會真正吸引我們。儘管我們因伴侶的行為而變得越來越不穩定，導致焦慮型的人變得更黏，而逃避型的人在情感上變得更疏離且封閉，我們也還是會把熟悉的事物與正確的事物混為一談。

當焦慮型依附遇到逃避型時，就像磁鐵的兩端碰在一起一樣。建立穩定、安全、而直覺的連結要困難得多，因為雙方都沒有安全感，而雙方都進入交感神經活絡的狀態，使他們無法建立連結和共同調節。除了簡單的交會之外，他們其實無法與彼此的需求產生調節。雙方都在以他們唯一知道的方式建立關係，因此他們不斷刺激所產生的行為和感受，似乎都在證明對方最深的恐懼是對的。對於焦慮型的人來說，不斷保持距離的伴侶，證明了他們天生不討人喜歡、而且永遠都會被拋棄。兩股力量開始拉扯著這個人：「我必須讓他留下來！」以及「我不能相信他。他一定會離開我的」。這會使得此人做出幾乎能夠百分之百驗證第二句話的行為，因此他黏人的行為會變得越來越絕望。

逃避型的人，內心則有不同的掙扎。他們有可能會認為，他們身上唯一被重視的部分，就是專注於工作和成功、做出正確的行為以及不表現出太多情緒的自己；或者他們的家庭實在太過混亂，導致他們唯一的避難所就是抽離。在這兩種情況下，他們的父母都沒有能力滿足他們的需求，而且他們也不認為人際關係很重要。換句話說，這些父母沒有能力做到共同調節，因此安全連結的網絡從沒有真正建立起來。但是由於產生連結是一種生物學上的必要行為，那些放棄對情感支持的需求來調適自我的逃避型人們，也會在對舒適和關懷的正當需求沒有獲得滿足時，感受到巨大的痛苦。當焦慮型依附的人開始拉扯他們時，他們就是在為自己的生命而戰，因為這樣的情感關注威脅著要打開那道痛苦的泉源。通常在無意識的狀況下，他們的內心世界會尖叫著警告：「如果你讓這個人進入你的內心，你會痛苦到死的。」而在意識的層面上，他們通常會產生的想法則是：「這個人不穩定，行為也不恰當。」按照他們的家庭模式，他們就開始抽離。

由於在這支舞蹈中，雙方都下意識地扮演著平等的角色，我們必須仔細研究在焦慮與逃避關係中引發誇張行徑的那些核心創傷。請記住，以下的例子只是兩名伴侶盡可能想要保護自己，而且他們的意圖（通常）不是為了要造成傷害。這些行為的觸發是因為缺乏安全感。它們的出發點都是為了生存，我們也該用同情的角度來看待。

對於我們這些焦慮型的人來說，只要有外在或內在訊號顯示我們可能很快會被拋棄，就會觸發我們所謂的依附警報（attachment alarm）。小我的內心世界被觸動了，我們開始拼命想要與伴侶重新建立親密關係。我們擔心會被拋下的內在憂慮，與對方抽離的外在線索結合在一起，使我們脫離平靜狀態，進入交感神經系統的戰鬥或逃跑反應。過去的舊模式開始強烈運作，我們的身體便會重新體驗與父母重新建立聯繫那場戰鬥，以及我們無法產生連結時所感受到痛苦。在那一刻，過去變成了現在，使我們無法清楚地意識到現在正在發生的事。

在我們的系統內流竄的恐懼感，有時會導致我們「逃離」，並完全不想試著重新連結，但最常見的情況是，它會促使我們「調高輸出」能量，好重新產生連結。我們變得像是章魚一樣，在我們進行一系列稱之為反應策略（activating strategies）的行為時，把我們的能量往四面八方伸展開來。在恐懼和欲望的驅使下，這些行為會一直持續下去，直到我們再度得到這段關係是完整的確切證據。儘管我們的伴侶已經做出了回應，但小我的核心創傷並沒有因為這次暫時的回歸而得到治癒，所以我們內心仍一直保持著警惕，提防著下一個可能代表我們會被遺棄的跡象。事實是我們的小我多數時間都很難找到令他感到安全的穩固基礎。

由於持續不斷的恐懼，某些反應策略會一直都存在。我們可能會做一些無傷大雅的事情，例如不斷地提到某人，因為這會使他們的存在一直處於心中（因此他們感覺很靠近、觸手可及）。沒有一個伴侶能夠一直親身陪伴在我們身旁，但我們卻覺得這好像正是我們需要的，因為這種親密關係，重新喚醒了童年時照顧者缺席的痛苦。

另一種行為可能會聽起來很耳熟，如果我們在很長一段時間內都無法聯絡到我們的伴侶，而且對方事前也沒有解釋原因，我們可能會要求伴侶盡快和我們聯絡，並為他們的缺席提出解釋，好讓我們的依附系統平靜下來。了解這一點的伴侶，能夠採取一些小步驟來創造出我們需要的保證，並使我們感到更安全：一則簡訊讓我們知道他們會遲到、以及遲到的原因，或告訴我們他們接下來的計畫安排。但當情況並不是這樣時，反應策略可能會升級，並變得更加衝動，因為我們的小我更加肯定我們是被拋棄了，也更絕望地試圖引起我們伴侶的注意。

在持續而無私地給予（這是保護行為的第一層）之後，這通常就是下一個階段。只要能讓我們的伴侶和我們保持親密，我們的外在就會保持相對的平靜，儘管我們的內在仍然處於緊張狀態。當我們感覺到他們正在消失時（有時是只是在過日子，有時則是因為退縮），我們就會轉向第二層的保護行為。我們總是提防著可能被我們認定為拋棄的潛在跡象，因為我們童年時期的痛苦，就像是一個等待釋放的緊繃彈簧。然後我們就被拋入失控的交感神經活絡的宇宙之中，我們試圖控制內心的恐慌，卻又肯我們這次肯定要失去伴侶了，便會產生以下的行為：

- 不斷試著聯絡。傳送大量簡訊（尤其是如果我們的伴侶沒有立即回覆的話）、奪命連環 call、或在伴侶經常出現的地方閒逛。
- 計算分數。密切注意我們的伴侶花了多久時間才回覆訊息，並盡可能用一樣長（或更長）的時間才回覆他們。
- 為我們沒做的事情道歉。這深植於我們的童年時期，我們總是覺得如果父母沒有與我們保持連結，那一定是我們做錯了什麼。
- 強迫我們的伴侶繼續對話，直到重新建立連結為止。也許是通宵溝通，直到吵出結論為止。
- 拒絕踏出和好的第一步。乍看之下，這似乎與重新建立連結的期望相反，但我們是試圖讓伴侶表現出想要彌補的樣子，來證明他或她的愛。

如果這一切都不足以熄滅我們神經系統中所燃起的火焰，我們試著把伴侶拉回來的舉措，通常會升級至所謂的抗議行為（protest behaviors）。這些行為都是絕望的嘗試，像是心煩意亂的孩子試著尋找方法保持連結，但這些行為通常只會把我們的伴侶越推越遠：

- 空洞的威脅。如果我們的伴侶不給我們想要的東西，就威脅說要離開他們。
- 憤怒的責怪。用罪咎感強留住伴侶。
- 鬧脾氣。小我用憤怒而崩潰的行為表達不滿。
- 網路跟蹤。分析我們伴侶在 Instagram 上收到的按讚和追蹤。沉迷地關注他們的抖音影片、或是不斷翻找他們的臉書帳號。
- 劈腿。對關係不忠，好讓伴侶感到嫉妒。

你也許還有其他控制關係的行為可以加入這個清單。如果你在上述的行為中認出了自己，請不要為此自責。請記住，你可能在嬰兒時期就已經學到，為了滿足需求，你會需要調高音量並將你的能量延伸出去。你可能精疲力盡地尖叫，試圖要父母把你抱起來。這只是你受傷的小我試圖建立安全和連結的方式而已。如果你發現自己被這些反應策略或其中一種行為所吸引，那麼我們現在準備開展的治療工作，將會為你提供其他的選擇。我們會照顧小我，並加強你的內在養育者社群，來建立內在安全感的基礎。這麼一來，你的內在保護者會逐漸軟化下來，你的外在保護行為也會因此減少，因為他們再也沒有那麼多痛苦和恐懼需要保護了。

在此之後，你會開始感覺到，這段關係是不是你們兩個都可以一起努力、彼此治癒和成長的，或者是時候該放下了。這一切都只是個過程，而作為過來人，我知道，我在某些時候更能進入這種自己自足的狀態。自給自足的其中一部分，是在我們感到不滿足的時候善待自己。

與此同時，我們的逃避型伴侶，也正在處理自己對安全感的內在需求。他們在孩提時期沒有太多的情感連結或撫慰，因此他們成年後，內心便確信談感情大多只會帶來痛苦，他們最好保持獨立。同時，他們就和所有人一樣，也渴望著與人親近。當他們走進親密關係時，童年的痛苦可能會浮出表面，而他們會開始保護自己，且往往沒有意識到自己正在這麼做。然後他們告訴自己，這段關係不適合他們。當他們的焦慮型伴侶開始意識到要被拋棄的前兆時，他們便會瘋狂地嘗試把伴侶拉回來。當我們開始部署反應策略時，我們的逃避型伴侶又會怎麼表現呢？通常，有些人會更加退縮，因為這是他們所知唯一能產生安全感的方法。以下是幾種我們能稱之為去反應策略（deactivating strategies）的例子：

- 不回電話或訊息。我們有好幾天都沒有收到他們的消息，就算是調情的訊息過後、或一次美妙的約會之後也有可能。
- 不給承諾或說「我愛你」。他們會隱瞞對我們和這段關係的感覺資訊。
- 談及未來時含糊其辭。即使事情進展順利，他們也不願意給出具體的規劃。
- 保持身體距離。他們不夠熱情、不喜歡一起過夜，即使我們在一起一段時間後也不願意考慮同居。
- 經常工作或旅行。他們利用工作和旅行，作為保持實質空間的一種方式。

這樣的舉動會進一步刺激我們，使我們產生抗議行為，反而更促使我們的逃避型伴侶也升級他們的行為模式，而我們可以將其稱為消除行為（elimination behaviors），包括：

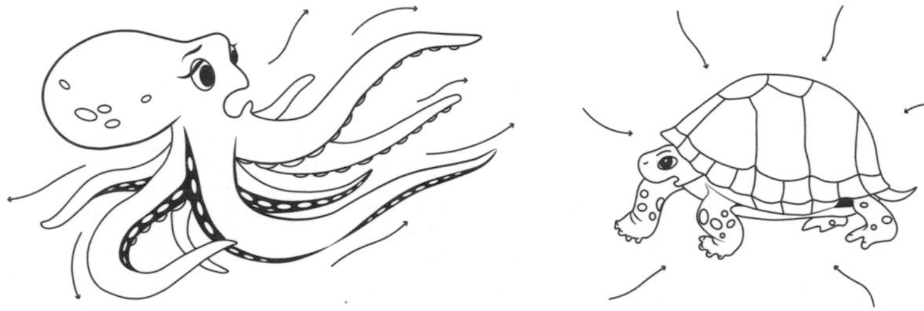

當自律神經系統觸發時，章魚在能量擴張時表現出恐懼的狀態。當自律神經系統受到驚嚇時，烏龜則會表現出能量的收縮。兩個系統都在恐懼中做出反應，並將彼此困在這個反應循環中。不管是誰先開始這個循環的，兩人都無法克制，但各種反應都會在雙方的自律神經系統中引起警報。

- 指出我們的缺點，包括指控我們太過黏人。這其實與我們的關聯較小，這是他們提醒自己有充分理由不與人親近的一種方式。
- 可能會出軌。無論是肉體上還是精神上的，追求與他人的親密連結會造成距離並削弱與我們之間的聯繫。這樣也能幫助這些伴侶避開把雞蛋放在同一個籃子裡的風險。
- 和我們分手。這通常會憑空出現，而且通常是在我們認為關係進展得很順利的時候。這會讓一個焦慮型的人瘋狂地試著找出問題所在，或者更糟，我們會認為自己有什麼地方做錯了。

- 搞失蹤。這是一種比較新的方式，也就是在沒有任何解釋或預警的情況下，從我們的生活中消失。

同樣的，你也許還有其他行為可以加到這份清單中。雖然上述許多行為都傷害了我們，但也許我們可以記住，這是逃避型依附者的保護模式。這並不是在幫他們的行為找藉口、或為這樣的行為開脫，但可能可以使我們對這種情況產生一點同情，而且還能使我們自己的自律神經系統平靜下來。另一方面，正如你所想像的那樣，以上這些去反應和消除策略，會以從內心深處，激發出焦慮型依附的人最原始的恐懼。接下來，就準備上演一場一來一往的好戲吧。這種交鋒既熟悉又令人成癮，但說到底卻十分具有毀滅性。前一頁的插圖正好顯示了章魚如何觸發焦慮系統，章魚在恐懼中伸出了手，而逃避型的人則在經歷恐懼時「龜縮」起來。

在某些關係中，自律神經系統一直保持在恐懼狀態，不允許我們與人產生穩定的連結、共同調節或修復，因此這種關係就像坐雲霄飛車，對雙方來說都不穩定。然而，在第八章中，我們會探討章魚的能量要怎麼學會安撫自律神經系統，而烏龜也可以把頭探出來，在這種關係中學習展現自己的脆弱，以此提供足夠的連結和注意力來治癒創傷。

彼得與蘿倫

我的客戶蘿倫，是個充滿魅力的三十二歲女子。她一直都很焦慮，但直到愛上了彼得之後，她的依附創傷才真正被完全觸發了。我相信他已經用盡全力試著愛她了。但隨著時間進展，她開始注意到他會疏遠她，有時甚至會在她覺得兩人更加親密時提出分手。她開始出現焦慮的身體與情緒症狀，像是腸躁症和偏執想法。由於她的童年充滿了緊張，她總是得試著處理母親強烈的情緒，因此她認為自己對他行為反反覆覆的反應程度，才是真愛的表現。對她來說，越強烈就代表越愛。

他們來見我時，彼得很明顯為了這段感情付出許多努力。蘿倫坦白了她的童年故事，說了一些經驗，表示不管她多努力要討媽媽的歡心，她還是深深感覺到媽媽的拒絕。她最後開始相信，她媽媽或許根本不想要她。我注意到在這些時刻裡，彼得都不太能對蘿倫產生同理心。當我問起他這一點時，他表示，當蘿倫表現出脆弱的一面時，他就覺得更難與她產生連結。他愛的是初次見面時有趣又獨立的蘿倫，而當她開始表現出需要或展現弱點，或者表達強烈的情緒時，他就退縮了。彼得願意分享他童年時，因為害怕或難過而被處罰的經驗。「好好站起來，表現得像個男人。」他記得他才三歲大時，爸爸就會這樣說了。他爸爸臉上嫌惡的表情使彼得難受至極，並因此迴避一切擁有柔軟和脆弱之情的人。我們試著爬梳這些問題時，彼得就會開始生氣，有時候會爆發尋麻疹，或是產生與蘿倫分手的強烈欲望。如果處理這些痛苦的舊傷是這段感情的代價，那他寧可放棄。他沒辦法幫助自己的小我，反而是開始擔心蘿倫太黏人、或認為這代表她不如他聰明，藉此來保護自己。

雖然彼得可以理解，他有許多回應都只是保護機制，但他對自己內在世界的恐懼，會使他把焦點放在蘿倫的缺點上，只要他們越接近真實的親密狀態，他就會在腦中找她的碴。他的身體也會封閉起來，有時候甚至會睡著，因為他無法應付內心的恐懼。他記得小時候，他會在衣櫃裡一躲就是好幾個小時，好逃避爸爸的責備。至於蘿倫，她再度回到小時候與母親相處的模式，相信她必須要改變自己才能使他愛她。這在和母親的關係中從來行不通，在這段關係中也不行。她的焦慮越來越嚴重，她的體重開始減輕、也無法好好睡覺。看著他們拼命想要找出在一起的方法，卻被童年創傷的經驗無助地禁錮著，讓人好難過。在健康的關係中，我們可以共同協調，而當雙方都無法在自己內在打下穩定的根基時，我們也會變成共同不協調。隨著他們變得越絕望，他們就更加困在過去的模式裡。時間進展之下，蘿倫緩緩開始認為，這樣一來一往的關係實在太讓人受傷了。也許是因為感覺到他們的關係離終點不遠了，彼得在他們其中一次分手時，找到了另一個對象。

從旁觀者的角度來看，這是個令人傷心的結局，因為我可以看出，他們兩人之間的連結是真心的。感情並不是非黑即白。蘿倫與彼得之間還有許多成年人的層面，也發展出兩人之間健康的照顧，但隨著關係變得越來越親密，他們每天都與彼此相處，因此雙方都再度回到了童年經驗中。說到底，在這樣的狀況下，蘿倫所能做的最自給自足的行動，就是放下，帶著她需要療傷的小我與內在養育者社群繼續走下去。她也學到自己在伴侶身上真正需要的是什麼，這是十分寶貴的一課。

與極端的逃避型談感情，有時候會以你從未體驗過的方式刺激你的依附系統。由於碰觸到童年創傷，這些早期需求的強烈程度將會浮上檯面，再加上真心愛著對方產生的情感，會點燃一股強烈的神經化學之火，使人感到身不由己、像著了魔一般，甚至會對關係有害。在我們逐漸邁向自給自足的過程中，我們就越來越不會吸引到這種伴侶了。就算有，我們對自我的認知會帶來明辨的能力，也更能使我們接收到來自內在養育者的聲音，幫助我們更快脫離對方。在蘿倫的例子中最困難的部分，便是要讓她接受，她對彼得感受到的強烈吸引與愛意並不足夠。雙方都希望對方能接受自己的愛，但她逐漸意識到這不是哪一方的錯。他們共同的創傷感，使他們對感情的認知和獨立性產生衝突的需求，以至於他們不可能建立穩定並互利的關係。他們兩人都需要完成許多自己的療傷過程，才有辦法好好與對方在一起。

如果你愛上的對象，沒有用你所需要的方式回應你的愛，而你對他的付出又只會使你更加迷失自我的話，那麼最重要的基本功就是放手，並意識到光有愛是不夠的。我們許多人都曾經發現過自己身處於無法給我們療傷避難所的關係中，而且這些關係只會不斷重塑情緒傷害的毀滅性循環。蘿倫開始了解到自己在這樣的狀態中，為什麼會變得失去自我。她的個人成長，是來自於從一段充滿了動盪的關係中離開；這是她找回自己的唯一方式。

我們這些焦慮型依附的人，通常都有一個特別的弱點：每個人在我們面前，感覺都有點像是逃避型依附。有些人的保護機制帶有一點逃避的色彩，因為那是他們在某些場合中學會的自我保護方式，那並不是他們談感情的主要模式，但是會時不時地出現。就連這樣一點點的傾向，都有可能會激發我們的反應。所以展開治癒小我核心創傷的過程並一生致力於此，才會變得如此重要。只要我們的小我被困在過往的痛苦與恐懼中，我們就總是會戴著早期痛苦所形成的有色眼鏡來看待一切。就連最體貼的人也有封閉自己、忘記回電和需要自己空間的時刻，也會表現得像隻烏龜。這代表我們即使和基本上算安全型依附、但有著烏龜式自我保護機制的人交往，也得學著在關係中處理自己的焦慮。然而，這樣的關係會更包容、也更不會造成我們自律神經系統的負擔，因為安全型的伴侶更能夠快速回到連結之中。隨著時間過去，這種互動便會成為我們療傷的過程，而我們伴侶的聲音和行動，也會成為我們內在養育者社群中的一部分。我們會透過這個過程學習，怎樣的伴侶會用什麼方式表達自己的需求，並體驗到獲得滿足的經歷。我們會在第八章更深入探討這一點。

學會安全依附的路途

在我們治癒自己的過程中，我們也許不會再自稱是焦慮型依附了。我們的依附關係，會變成所謂的「習得安全感」（earned secure）模式。之所以會這樣稱呼，是因為我們並沒有在早期照顧者身上得到這種內在的安全感，而是透過成年後的努力才得到的。但是對那些曾經是焦慮型依附的人而言，如果一個人因為某些原因而變得無法陪伴我們，我們很有可能會感覺到對方在抽離。這就像是碰觸到早期創傷的傷疤組織一樣。當舊的感覺浮現時，我們的反應會使我們知道自己正在治癒的過程中。現在我們能找出這些感覺的來源，也不再需要受它們影響，採取那種誇張又防衛的行動。

療傷的路途中，我們也許會發現自己依然深受挑戰與追求的刺激感吸引，因為這符合我們自律神經系統中由兒時造成的交感神經活絡狀態。同時，對方「沒有陪伴我們」的時刻，又會再度證實我們受傷的小我內心認定的事實：我不值得被愛、關注和支持。

這會使我們對各式各樣的「壞男孩」產生弱點。大男人主義、情感封閉、又完全令人著迷，你過去大概也有遇過幾個這樣的對象。他們在面對你急需肯定與連結時所展現出的漠不關心，或許令你感到挫敗又心碎。深刻的信任與親密關係，在這些連結中是不可能存在的。到某一刻後，追求的興奮感就會消失，而你則會感覺到疲憊、困惑與消耗。相信我，我們都經歷過這一切。

經過治癒，這樣的誘惑就會減少。我們在學習如何感知到自己在一段關係中真正的需求：更高層次的連結，以及安全、穩定的依附關係。我們對於這樣的需求越是自在與認可，我們就越不會讓自己屈就於不足的關係。同時我們正在學習認出所有的警告信號，這代表我們不會再一頭栽進看起來像是「真愛」的關係裡，而是被感覺不同、更滿足也更穩定的關係所吸引。對許多人而言有一個中間地帶，好像那些好人無法帶來衝動、感覺又無聊，但我們同時卻又能看出，這些人可以給出我們渴望的穩定關係。

我們會發現自己不斷問著：「那麼那些偉大的浪漫舉動呢？心動的感覺、以及小鹿亂撞的感覺呢？我想念那種狀態！」請記住，當我們處於焦慮型依附時，這些症狀常被我們誤認為是化學反應，但事實上卻是我們的依附創傷被喚醒時的早期訊號。同樣地，如果我們在追求的是能夠維持下去的連結與真誠的親密關係，那麼是時候對自己完全坦白，搞清楚自己到底需要伴侶提供我們什麼了：安全感。如果我們認為安全感並不性感，以下的解釋，會告訴你為什麼這是個錯誤的觀念。

事實上，我們只有在一段關係裡感到安全時，才會發展出信任。只要建立起相互的信任，兩位伴侶便能自由探索感情之外的世界，使兩人都能發展自己的興趣、並補充自己的能量。這樣便能建立起兩個個體之間健康的基礎與化學反應，因為在雙方一起進化成長的過程中，兩名伴侶都能持續為這段關係帶來嶄新而不同的能量。

這種轉變並不是一直都很容易，因為我們的系統已經太習慣交感神經活絡的刺激了。一開始，缺少這種刺激的感覺就像是無聊，但是我們越常和腹側系統強健的朋友們相處，我們就會越能夠與小我的需求調節。而這種值得信賴的伴侶們，對逐漸變得自給自足的我們來說，也會感覺像是最絕配的對象。這是無聊的相反，這樣的安全感會帶來自主權與探索的深度，會使關係不至於變得死氣沉沉。如果壞男孩或缺席的男人會那麼有趣，是因為他們令你提心吊膽，好人卻會幫助你感到足夠安全，使你能夠不斷進化和成長，兩人又能好好享受深刻親密的餽贈。

當缺乏同理心成為暴力，而吸引力成為戀愛成癮

你的伴侶擁有強烈的逃避型保護機制是一回事，但是焦慮、同理心強、又無私的人們，還有機率吸引到另一種喜歡被高高捧在寶座上的傢伙：自戀狂（narcissist）。要怎麼辨識自戀狂呢？這些人早期依附創傷的經驗，使他們變得自我中心又缺乏同理心。他們內心充滿羞愧感，並下意識地相信自己一文不值，因此他們便用有意識的優越感來保護自己，並一直需要透過所有人的愛慕來證明這一點。一開始，為了要得到我們的死心塌地，他們似乎也知道要如何調節並配合我們的需求，並似乎天生就知道要如何讓潛在伴侶感到「特別」。想像一下，這對從小缺乏這種感受的我們來說，是多麼誘人。使人們互相吸引的魔法雷達，會幫助自戀狂注意到我們這些為了感受到「特別」，就會願者上鉤的人。

這些人擁有一種非常極端的自我保護機制，他們會想要控制我們對他們展露的傾慕之情。只要這層保護一直都在，他們就永遠不需要面對在底下蠢蠢欲動的羞恥感。由於我們都只是人類，我們是不可能不斷滿足這種對崇拜的需求（雖然我們的無私會

使我們努力嘗試），所以當我們不再那麼把他們視為偶像的時候，他們就會開始覺得哪裡出錯了。這使他們開始主動拒絕我們。雖然被他們推開還算是幸運了，但這所帶來的痛苦會加深我們心中的創傷，並會使我們在面對下一位自戀狂的哄騙時更沒有抵抗力。

不幸的是，自戀狂和共感人（empath）的故事其實十分常見。人們開始忘我時，便會把注意力都放在他人身上，使他們更容易吸引到相反的人：一個無比自私或自我中心到極致的人。在這樣的波動下，無私的特性反而帶來病態的照顧；對對方的需求過度敏感，反而成為了與此人交往的代價。自戀狂會創造出不穩定的局面，使他們保持在關注的中心，加深他們受傷小我的信仰，使他們認為只有在掌控他人的時候才能得到自己想要的東西。他們會祭出一點點的注意力，好讓共感人產生一點點多巴胺，這樣的策略會使共感人更欲罷不能，這過程就是所謂的間歇性增強（intermittent reinforcement）。這代表我們會留在這段關係中，等待著下一波落在我們身上的關注，但卻永遠不知道什麼時候才會得到。現代的約會文化，稱這種行為叫做灑麵包屑（breadcrumbing），意味著你的伴侶只在他們覺得自己快要失去你時才會對你表達興趣，只是為了要繼續吊著你跑。這會使你覺得自己像是在搭乘一台爛透的雲霄飛車。就算只是談到這件事，或許都已經可以使你產生交感神經活絡的反應了。

這種動態對於焦慮型依附的人來說，其實是很危險的，因為與自戀狂維持關係，基本上就一種自殘的形式。沒有自我的人會無休止地付出自己，使自己幾乎完全消失，同時也會變得越發焦慮。在這段關係中沒有安全感、也沒有真實連結的時刻，因為自戀狂完全只專注在自己缺乏安全感的感受上。羞恥感總是威脅著要浮上表面。自戀狂必須持續享受被崇拜的感覺，一旦他們覺得自己不再「特別」了，就會變得沮喪和憤怒（可能還會變得暴力）。就內在而言，兩個人都是絕望的孩子，被困在只會造成更多傷害的雙人舞之中，但外在，我們卻是首當其衝的人。我們為什麼會留下來？當我們是焦慮型依附的人時，我們認為「被需要」與「被愛」是同一回事，因此我們會承擔許多責任，來照顧自戀型伴侶心中痛苦而受傷的孩子。通常，我們父母身上的創傷與自戀狂身上的創傷越相似，我們就會越難離開這段關係。

你覺得你可能落入自戀狂的圈套了嗎？雖然這個詞被廣泛使用，但完全成熟的自戀型人格障礙實際上只影響到大約百分之零點五到百分之五的普通人群（男性的比例更高）。然而，自戀傾向可能會有不同程度的表現，所有自我中心和缺乏同理心的人，都可能表現出其中的一些傾向。我們大多數的人都有這樣的時刻。當我們受到夠強大的威脅時，即使我們大多時候很無私，我們也會變得只想要得所需的安全感。

和所有人一樣，這不是自戀者的錯。這些特徵是他們在童年時期反覆面對羞愧和侮辱時，學會保護自己的方式。如果你懷疑你的逃避型伴侶有自戀傾向，那麼你無論怎麼壓縮自己，都不會與這種極端個性的伴侶建立起充滿愛的關係。與他人建立真正的連結，會帶來一定程度的脆弱，而這可能會使他們進入無法忍受的恥辱中。想像一個溺水的人有多麼絕望，那就是自戀狂的內在有可能要曝光時的感覺。與此同時，你在自尊心四周築起的每道牆，都會被認定是對他們生存的威脅，所以他們會等著用貶低或不屑一顧的行動來摧毀你。在這種情況下，你唯一的做法，就是要先認知、並接受正在發生的事情，然後選擇走開。如果每段關係的目的之一，就是幫助我們了解自己，那麼在這種情況下，我們學到的教訓是更用力地愛一個人、並努力讓他們愛你，並不總是會讓你們兩人走進一段共同且健康的關係。這樣的改變，需要兩個人都努力自我治癒，而對於大多數自戀狂來說，他們面臨的痛苦，會使他們陷入一種行為模式，以確保這種改變永遠不會發生。

即使我們「知道」自己需要離開，但我們並不是每次都能夠做到這一點。焦慮型依附的人對自戀伴侶強烈和絕望的反應，可能會超越共同依附的等級，並陷入戀愛成癮的狀況。所謂的上癮，是指我們重複某種行為、以保護我們免受舊有的痛苦和恐懼所侵擾。雖然這樣可以暫時撫平我們的創傷，卻不能治好它，所以我們總會想要更多——更多的「修補」。就像任何一種藥物一樣，初戀的那種良好的化學反應，會迅速建立起依賴感，尤其是那種焦慮型依附的人。在關係早期所釋放的神經化學物質特別有效，因為我們在童年時期並沒有得到足夠的這種刺激，所以當我們感覺到它的存在時，我們的反應也會變得更強。

在戀愛成癮的控制下，我們的注意力便會窄化，直到對其他事情都視而不見，我們只想要找到並擁有一個能夠滿足我們對愛的渴望的伴侶。這種迫切的需求，會讓我們不斷回頭追求同樣的東西，即使從理論上來說，我們都知道這種關係對我們很不好。當我們走到這一步時，我們有可能會完全失去自己，只會不斷尋找愛情的短暫撫慰。我們非常符合自戀狂不斷追求他人崇拜的需求，能夠提供對方無止境的關注，無論這會對我們造成多大的傷害。雖然戀愛成癮可能像強效的迷幻藥一樣難以戒除，但它也是你內心小我的副產品。我們在第二章提過，你內心受傷的孩子，會不斷尋找某人來「修復」或填補內心破碎和空虛的感覺。所以我們還是有希望的。

當我們發現自己陷入戀愛成癮時，我們的系統發生了什麼事呢？首先，渴望與充滿愛的伴侶建立關係是很正常的，而一開始花很多時間在對方身上也是正常的。你戀愛了，而你的腦中就只有你的伴侶。你會很難專心工作，你開口閉口都是對方的事。你沉迷於對方的社群軟體貼文，並想要把所有時間都花在對方身上、緊緊抓住他們說的每個字。你甚至開始研究夏季婚禮和秋季婚禮。雖然你覺得這個人是這一切瘋狂與美好的來源，但事實上，是你自己身體所產生的化學物質在推動這段舞蹈。

在一段新戀情的初期階段，我們確實會因為一組神經化學物質與激素而感到「亢奮」，這樣的組成是為了要幫助我們產生對這人的依附。首先是多巴胺（當一個人喝酒或吸食海洛因和古柯鹼等毒品時也會釋放）。這個物質會使我們和對方相處時，產生一種追求和新鮮的感受，同時也使他們看起來格外令人興奮和特別。簡而言之，我們想要更多、而且還要更多。接下來，「去甲腎上腺素」（norepinephrine）會使我們的系統充滿能量，它的效果就像服用安非他命一樣。我們吃不下、睡不著，我們會把心跳加速的感覺誤認為是真愛的標誌。最後，我們的情緒調節血清素含量會明顯下降，使我們會對新伴侶感到著迷不已。我們腦中只剩下這個人，我們開始思考自己該怎麼改變，好適應我們腦中認為對方所有的需求。

當我們與對方產生一條有意義的新連結時，這三種化學物質的綜合效果，會使我們認為這段關係是最快樂、最令人滿足的人類體驗之一，與令人瘋狂的性愛（我們可能同時也在這段關係中找到了）和贏得樂透並列。對這種感覺成癮也是很合理的。誰不想要每天都感覺自己是全世界最幸運的人呢？

但事情有起就有落，而這種初期會讓你感覺良好的化學物質，不會一直持續下去的。當一對情侶從不斷的追求，開始轉而感受到兩人之間信任而持續的牽絆時，一股自然的轉變就會發生。一旦最初的感覺開始消散時（有時候會花上幾週、幾個月、甚至是幾年），我們的系統便會想要進入一種更永續性的模式。當一段關係走向長久的依附時，在高潮、生育和哺乳時也會產生的「擁抱激素」——催產素，便會幫助我們產生一對一伴侶之間必要的信任。與伴侶長期交往的過程中，這是一個自然而必要的進展，但對那些和小寶寶一樣需要如同母親般強烈關注的人而言，這就像是天崩地裂一般。

對於受過傷、更容易戀愛成癮的人來說，那種初期的亢奮感實在太好又太必要了，很容易讓人誤以為那就是我們祈求已久的答案，但我們實際上只是把自己的能量交出去，好換取這種強烈又興奮的感覺而已。這樣的化學物質組合，會使我們認為自己找到了一個瘋狂愛上我們、又好像知道要怎麼滿足我們各種情感需求的人。這聽起來就像是家長和新生兒正在建立安全連結的過程。此時，去甲腎上腺素所產生的能量，會使我們對對方展現出的第一絲遠離的跡象無比敏銳。再加上血清素的驟降，我們會更難安定下來，並會開始過度關注對方的一舉一動，直到我們什麼都無法思考為止。自戀型伴侶所給予的反應，以及他們不斷要我們餵養他們創傷的行為，只會強化這個過程。在我們有意識之前，幫助我們建立長期依附關係的生理歷程，反而會激起我們最深刻的恐懼——也就是在早期關係中生根，那種害怕被拋棄的恐懼。在我們內心深處，受傷的小我正被喚醒，而在與伴侶的關係中，我們則開始改變自己的行為，試著繼續吸收這種化學物質的分泌，就算只有一時半刻也好。

不管是自戀狂、還是戀愛成癮者，都深陷於童年創傷的魔掌，使他們無法控制自己對對方所做出的反應。當這段感情開始崩毀時，這其實是好事，因為在這段關係中我們不可能治癒這樣的創傷。要離開一段關係，戀愛成癮者通常會需要許多支持，但接下來，我們就打開了一扇通往治癒的大門。

逃避型依附者與病態自戀狂之間的主要差別在於，前者通常有能力審視自己的行為，並為自己的那一部分負責。他們的創傷並沒有深到無法這麼做。許多逃避型的人也會產生同情心和脆弱。他們只是用一種非常不同的方式來表達和保護自己，而他們的反應會顯得冷酷無情，因為更柔和的情緒在他們的家庭中，既不被接受、也沒有榜樣可以學習。這就是蘿倫和彼得的情況，他們沒辦法走出困境、進而進入長期的伴侶關係。然而，許多逃避型的人，多半能夠得到治癒這些創傷所需的幫助。這通常可能會出現在夫妻治療中，因為焦慮和逃避型夫妻兩人，都得到了一起治癒核心創傷所需的幫助。我看過許多人進入這個過程，並在完成治癒時產生更深層次的關心、理解和同理心，甚至超越許多更健康的伴侶關係。這是個非常好的消息。

治癒的第一步

我們正準備要開始這場找回自己的旅程。也許我們可以想像自己的身體是一個家，也就是我們潛在的庇護所。這是一個可以靜下心來、好好放鬆，並深刻碰觸我們創傷與需求的地方。但對經歷過創傷、或是情感上受到忽略的人們而言，完全存在於自己的身體裡，反而感覺很不安全。我們也許會覺得很難單單坐在那裡、享受存在的感覺，而為了自我保護，我們甚至會對自己下逐客令。與我們的身體知覺重新產生連結，是開始邁向自給自足的第一步。

就像我們先前所學到的，我們的早期經驗會在身體裡創造出不同的感受與情感，進而傳送訊息到我們的大腦。根據這些感覺，我們會對身邊世界的安全感、以及人們與我們產生連結的方式產生看法。這些神經系統模式，也會引導我們對某些日常經歷產生反應。如果我們在小時候認為，不要存在於自己的身體裡會顯得比較安全，我們現在的反應，也許就會變成「脫離現實」。如果我們無法感受壓力、痛苦或恐懼，我們在遠離自己的情緒時，就會感覺比較安全了。這通常是逃避型依附者的身體，保護自己免於毀滅性感覺的方式。另一方面，焦慮型依附的人通常會非常敏感，尤其是對他人的感受和想法，以至於失去自我，因為我們在管理他人的感受和行為時才會感到安全。為了使我們自己的內心真正感到自在、不再渴望逃離對方，我們必須鼓起勇氣，重新回到自己的身體裡。去感受這一切。一切都會從這裡開始，所以我們必須努力學習內在調適（inner attunement）。除了對我們的核心創傷以及它們被激發的方式產生認知和情感知覺外，對身體的意識則是讓我們不再陷入戀愛成癮和共同依附的一個重要部分。

當我們進入到本書的第二部分時，我會陪著你回到你的身體裡，而我們會發現許多豐富的感情，分別由不同的自我狀態所持有，在你的內心爭奪著你的注意力。這種對身體和內部狀態的認知，是整合你的感受和想法的關鍵。當你的焦慮型依附系統被激發時，這個認知便幫助你了解身體和自律神經系統發生了什麼事。如果這聽起來讓你有點害怕，我想讓你知道，你願意展開這項工作是多麼了不起的一件事。花時間回到自己身上，會使你與自己和他人建立的連結奠定一種全新的基礎，並且在自我存在的最深處培養出不可動搖的安全感。

第二部分：走向自給自足

第四章　傾聽心裡的聲音

現在，是時候開始真正走向情感自給自足的第一步了，我們要學著如何觸碰到自我最深處的那一部分。這趟旅程會帶領我們走向廣大而未知的內在世界，有可能會喚起許多複雜的感覺，但同時也會是一趟精彩又刺激的冒險。因此，在啟程前讓自己感到安全、被愛與受到支持就顯得更重要了。這就是為什麼我要陪你一起開始。因為對一個焦慮的人來說，這個世界並沒有提供情緒上的安全感與連結，就算有愛也一樣，而這兩樣東西是至關重要的要素。你的生命中也許還有別人，像是一位諮商師、或是一個值得信任的朋友，他們都可以成為這趟旅程中的安全防護網。

如果你想從焦慮依附型變成自給自足的人，你必須到足夠的支持，讓你能夠與自己建立起一個更有愛的關係。我會引導並陪伴你打造一個安全而充滿熱情的內在環境，好讓你完成這項工作。這樣你就可以放心產生痛苦的感覺，並且表達出來——這是一個需要大量勇氣與誠實的過程，也是達到自給自足的關鍵之一。

在本書第一部分中，我們談到了焦慮型依附的人如何讓受傷的小我接管整段關係。為了要安撫我們心中的孩子，我們首先需要好好與小我建立關係，並了解他沒有被滿足的那些需求。但小我並不會就這樣跑出來，將他的需求一股腦地全部告訴我們，除非他們開始產生安全感。就像外在的小孩一樣，如果我們的第一個反應是批判、譴責或甚至拒絕，那麼小我就會躲藏起來。但當小我看見我們充滿包容、也願意接納他們，他們就會逐漸敞開自己。是時候介紹這個內在故事的另外兩個角色了：你的內在保護者（通常不只一個），還有你的內在養育者（通常也不只一個）。我們的內在保護者會對我們快速提出警告，通常也不太溫柔，而我們的內在養育者則是充滿愛的成年人、或是導師的角色，會照顧我們的每一個部分。

也許我們已經對內在不同的保護性言詞感到十分熟悉了。有些對我們有諸多批評，好讓我們不會再重蹈童年時期的覆轍：「不要抱怨。」「不要求關注。」或是懷疑的聲音：「你看，他不是真的那麼喜歡你吧。」「如果你爸媽也不愛你，她為什麼會愛你？」有些聲音則會讓我們把所有的焦點都放在一段感情上。它們通常更像是一股過度警惕的感覺，而不是言語。如果一段關係開始變得痛苦而難以承受，它們便會啟動保護行為，以作為我們最後的庇護。我們每個人內心都有一隻獨特的自我保護小隊，在我們一點一滴地釐清內心時，便會對它們越來越熟悉。在這個章節裡，我們會認識關於自己的這三個獨特的層面。我們會一起建立起對保護者們的好奇心，並開始逐漸了解它們各自的智慧之處；而它們之所以存在，都是因為我們所背負的痛苦與恐懼需要它們。

我們同時也會開始見到我們的內在養育者社群。這群角色，是由那些給我們關注、理解、溫暖與穩定存在的人們形象內化而成的。由於這些人接觸到我們的內心（也就是我們身體裡的第三個腦），我們通常都能直接感受到他們真實存在我們的心裡。花一點時間，把手放在胸口，然後看看有什麼感覺浮現。由於我們正在討論養育者們，我們也許會發現，某個照料過我們的人出現在我們的腦海裡。又或者，因為內心是我們儲存與連結有關的記憶的地方，所以你或許會想起一個曾經透過痛苦的連結傷害過你、或是拋棄過你的人。就目前而言，意識到這些對我們來說很重要的人被深深埋藏在我們心裡，這樣就很有幫助了。

我們絕大多數的人，都不會把心當成另一個腦，而是戀愛關係中的一種比喻。但新的研究結果顯示，這個器官比我們想的還要強大——而且它擁有屬於自己的智慧。心能商數協會（The HeartMath Institute）專門在研究人們如何把生理、心理和情緒系統，與心臟的直覺領導整合成平衡的狀態。研究顯示，心腦（也就是內在心臟神經系統，intrinsic cardiac nervous system），就和我們的頭骨與肚子裡的那個大腦同樣聰明。

這個心腦是由複雜又精緻的神經傳導物質、輔助細胞、蛋白質與神經節所組成，就和頭腦裡的資訊傳輸網絡一樣。他們也相信，心腦與頭腦有著強力的連結，不斷傳遞訊息還影響我們思考、感覺、行動、以及建立關係的方式。事實上，在我們的大腦中，有大約百分之八十的資訊是由外在輸入、只有百分之二十的資訊是從大腦輸出的。大量的資訊形塑了我們的感覺，還有我們接下來要採取的行動。由於這是透過神經傳導物質和感覺在傳輸的，所以我們多半不會有意識地聽到它的訊息。

這代表要了解自己和治癒我們的情感生活（包括我們的戀愛關係），其中一個重要關鍵是要有辦法傾聽我們心臟的訊息。這會幫助我們平衡大腦所知的事物，以及我們心裡的感覺。我們的頭腦裡充滿了來自核心創傷的信念。我們會發現保護者們不斷在思索事情、重播某些場景、或是計畫拯救一段關係的下一步。而心臟的智能則是奠基於養育者社群中，我們擁有或經歷過的美好關係，是一個直覺的引導及知識的來源，甚至超越邏輯的大腦。透過對心臟訊息的認知，我們也能和破滅的關係所造成的痛苦產生連結。當我們這麼做的同時，治癒的大門就打開了。

要釋放核心創傷的痛苦，就得先認知到它仍然會痛，也要允許自己完全感受它，我們才能接收他人溫暖的照顧，從創傷的根源開始修復。當我們在陪伴下走過這股痛苦，便會來到一個平靜、完整而安全的境界。只要我們開始正視儲藏在我們心中的感覺時（也許我們需要哀悼、或是發怒），核心創傷就能開始接受修復，就算是最老、最痛苦的創傷也是。

當我們開始聆聽心裡的聲音時，大腦的邏輯界線就會軟化並消失，讓我們有辦法碰觸到埋藏在種種攔阻我們汲取智慧的界線與分類下方，那股連結在一起的感情。我們會開始體認到：**心靈是大腦的基礎，這股相連的感情則是一切的基礎**。當你的心開始設法找回溫暖與連結的感覺，並與你的大腦一起進入敞開或連貫的狀態時，你的神經系統便會提升大腦的能量、創意與直覺，使你的心和大腦產生強壯的連結，並更增添一種完整的感受。

在我們開始之前，花時間完成這項工作是非常重要的。我們會與直覺的自我建立更深層的連結，發展對全身的意識。比較花俏的用詞叫「內感受」（interoception）。當我們培養出這種能力時，我們會產生意感（felt sense），這是我們內在的一種身體認知，它會讓我們碰觸到過去所有溫暖和善良的記憶（也就是我們的內在養育者），還有每天都在保護我們安全的部分（我們的內在保護者），以及背負著需要治癒的痛苦和恐懼的那部分（小我的許多層面）。第一步，是要確保你有其他人在支持。我也可以是其中之一。我錄下了我們即將要進行的練習，好讓我的聲音（和我的心）可以陪伴你走完整個歷程。重要的是，你要不斷詢問自己是否需要額外的支持。我們的文化更鼓勵我們單獨行動，因此定期檢視、並了解你的系統要求什麼非常重要。當我們去感受舊有的感覺時，那通常就像是我們正在產生這種感覺一樣。這或許是個令人難以承受的過程，尤其是你的身體還有創傷的時候。因此，按照自己的節奏前進，並建立一個安全的環境來完成這項工作，是非常重要的。

當你往內心前進時，請慢慢來，並善待自己。如果你開始感到焦慮、思緒混亂，或者感到心冷或「心不在焉」的話，這代表是時候換個方向，回到現在了。每當你感到不知所措時，我希望你暫停工作，放下這本書，然後找一個可以將腳踩在地上的地方坐下，最好把鞋子也脫下。睜開眼睛，注意周圍環境中的細節。專注於你的呼吸頻率，並一一指認所有你視線所及的物品，再大聲唸給自己聽。把手放在椅子上，並注意空氣中的聲響或氣味。當我和客戶一起進行這項工作時，我喜歡在辦公室裡放鮮花，因為看著美麗的東西，可以幫助你快速回到現實。想像親人的眼睛，也可以幫助你感受到溫暖與安全。

在開始這個過程時，你也可以讓某個朋友知道，你即將要做一些內心的功課，而如果事情變得太緊繃，你可能會需要打電話給他。找一個你覺得完全安全的人，一個你知道會支持這趟旅程的人。如果你正在看諮商師，你也可以與他們分享這項工作，如果你想的話，你也可以把這項工作帶入你的治療過程中。如果這一切聽起來有點令人害怕，請認知那股恐懼，然後伸出手尋求幫助。走向自給自足是一個**過程**，隨著時間的推移和練習，事情也會變得更容易。當我們一層一層地走過這個過程時，你內心的安全感和支持感也會持續增長。最後，在我們開始之前，請為自己設定一個意圖，這是一個你可以對自己重申的聲明，好幫助你連結到你想要利用的能量。也許是這樣的一句話：「我正在學習安全的新方法來體驗我的內心世界，進而使我能夠體驗到真愛。」而且，最重要的是，請記住，我就在你身邊。

練習：開始傾聽心的聲音

在我們開始進入引導式冥想、喚醒你內心深處的智慧時，我想要先提供一些方法，讓你每天都能更「認知你的心」。我們不太習慣與自己的這部分進行溝通，所以不要認為你馬上就能做對。這種練習的目的，只是要讓我們學習如何更仔細地傾聽心裡的聲音。接下來的這五個步驟就是其中一個方法。

1. 在一天之中的某些時刻，注意你自己的感覺。問問你自己：「我現在有什麼感覺？」把你的注意力集中在你的胸口區域，試著允許你的心（而不是你的頭腦）來回答。注意任何作為回應的感覺或情緒，但不要試著分析它們。就現階段而言，養成檢視自己內心的習慣就好。

2. 當你在檢視自己心中所感知到的東西時，請同時感覺你的呼吸。我們呼吸的方式（平靜、快速、深沉或是短淺）可以讓我們得知許多在潛意識中所發生的事。

3. 如果一段時間之後，你注意到自己的呼吸通常都短淺而快速，你可以試試看把呼吸延長會有什麼感覺。用五秒吸一口氣，再花兩秒吐出。想像你的呼吸一路進入你的腹部，然後往四面八方擴算出去，因此你的肚子伴隨著每一次呼吸緩緩擴張又收縮，而不是你的胸口。然後再次檢視你的意識與感覺。你現在能更容易地檢視自己的情緒狀態了嗎？

4. 檢查你的姿態。你的肩膀是向前弓起、雙臂交抱的嗎？如果是的話，試著把肩膀往後拉，讓你站得或坐得更直一點。這樣會為你的心臟提供更多空間。這麼做完後，再度檢視自己，並注意你的感覺有沒有任何改變。

5. 最後一步，想像你的呼吸集中在肺部，充滿整個胸腔，沖刷過你的心，將它洗淨、並留出讓它敞開的空間。然後再次注意是不是更能與自己的感覺產生連結了。

進行這種認知練習的次數越多，你的心就越會開始與你對話。你心裡的智慧是由內在養育者的形式出現的，而隨著你緩緩地對它們敞開，你也會注意到，它們溝通的方式和你的大腦不一樣，通常是透過感覺，也就是身體的語言。不管傳出來的訊息有哪些，你現階段的工作，就是單純地接受它們。你不需要「修復」任何浮現的感覺或情緒，你只要讓它們存在就好了。隨著時間過去，經過練習後，你也許會開始發現自己固定檢視自己的心、呼吸和姿態，就像你固定刷牙一樣。

等你準備好與你的心有更深層的連結後，再繼續閱讀下一個練習。你可以掃下方的QRcode下載我錄製的輔助練習錄音檔，跟著裡頭的引導來冥想。按下播放鍵之前，先告訴自己，我們會一起走過，然後喚起你的好奇心、鼓起勇氣，並準備探索你心靈智慧的下一個階段吧。

練習：心靈掃描冥想

第一次這麼做的時候請慢慢來，等你學會要怎麼進行心靈掃描後，就隨時都可以開始，也能在幾分鐘內完成了。心靈掃描是一種在身體、精力和情感層面上調整自我的有效方式。經過練習，這可以幫助你培養安全感、充滿愛、並支持內心世界，讓你完成走向自給自足的旅程。這個練習是由我一位親愛的朋友和同事琳恩·卡洛（Lynn Carroll）所創造的。琳恩是一位出色的治療師，她透過培養身體意識，來引導她的客戶與自己建立更深層的連結。透過她的心靈掃描冥想，你便可以隨時了解你的心在說什麼。

1. 首先，找一個安靜的地方，讓你感到舒適並受到保護。心靈掃描可以在任何環境中進行，但一開始，在你感到生理安全的空間裡進行練習，會很有幫助。

2. 告訴自己，是時候放慢腳步了。這種內在提示，會幫助你把注意力從剛才在做的事情，轉移到你想去的那個安靜的地方。有意識地放慢你的腳步，直到你能真正與你體內所發生的事情連結起來。放慢呼吸，放慢動作。

3. 閉上眼睛，緩慢而輕柔地呼吸，同時將意識帶到胸口中央的心靈中心。專心觀察。你的心是開放的、封閉的還是中立的？你可能不習慣從感官的角度或使用感官語言來描述你的經歷或感受。當你感覺到你的心靈中心時，你可能會有一些感覺，包括緊繃、刺痛感、寬敞、堅硬、密集、空白、輕盈、膨脹或沉重。你感覺到什麼？只要觀察就好。注意你是感到焦慮、平靜或中立。有時所有這一切都可以同時存在。單純地與它們共存就好。

4. 當你把知覺帶入你的內心時，你可能會看到某些畫面或顏色，並感受到強烈的情緒。某些想法、恐懼或記憶也許會浮現。單純地觀察並注意你體內發生的事。當你變得更有知覺時，請看看你的身體是感到更安定或變得更緊張。

5. 無論發生什麼事，順其自然就好。我們時時刻刻都在改變。如果你覺得自己的思緒加速、感到緊張，甚至覺得不知所措，請將注意力重新轉移到呼吸上。專注於你的呼吸一段時間，可以幫助你安定下來並放鬆身體。

6. 繼續為你注意到的東西命名，但不要執著於任何具體的想法或感覺。指出這些事情，例如「肩膀緊繃」、「悲傷」、「平靜」、「擔心」、「不耐煩」、「睡意」。讓自己順其自然。更客觀地看待你的體驗、感受你身體的感覺，並注意你的心靈中心，會有什麼感覺？也許你會開始了解到，這種形式的智慧與思考有何不同。

7. 現在，讓一個能讓你感到平靜的畫面浮現。也許是在山上或海灘上散步、和你的寵物玩耍，或者是你在烘焙或閱讀的時候。無論出現什麼畫面，重點是讓自己與讓你感覺良好的事物在一起。你的體內發生了什麼事？你是怎麼判斷你的感受的？什麼樣的情緒出現在你心中？注意你心中出現的畫面，並觀察當你喚起平靜的感覺時，你的心靈中心發生了什麼事。

8. 現在，想像一個你感到被愛的時刻。可以是童年早期的記憶，或最近的經歷。如果你覺得你從沒感受到被愛，那就想像一下被愛的感覺。當你看到這個感到被愛的畫面時，注意你的內心有什麼感覺。你的心是感到溫暖、輕盈、開放？還是開始封閉？當你想像被愛時，你產生了什麼想法？讓那些感覺浮現，然後放開它們。

9. 將你的意識擴展到你的心靈中心之外。你的全身有什麼感覺？你存在著哪些情緒？如果你的思考開始加速，注意感受你身體的感覺。從吸氣和吐氣開始，注意呼吸時的感受。

10. 如果你的身體感到空虛、空白，或者感覺有一道牆或分離的感覺，請對這些感覺產生好奇。你有看牆壁的顏色嗎？這道屏障有多厚？當你和它同在時，它有改變嗎？它讓你想起了什麼？有什麼回憶嗎？單純地注意牆裡所發生的事。

11. 如果你覺得自己被卡住了，注意你的感覺。讓這種感覺存在那裡。它讓你有什麼感受、看起來如何？單純地注意它而不是對抗它，會使它發生什麼變化嗎？問問你的心靈，你需要給自己什麼，才能覺得不再受困。然後想像自己得到了這樣東西。

12. 把你的注意力帶回到心靈中心。你能把注意力集中在那裡嗎？或者你發現自己經常被拉到身體之外，想知道別人在說什麼或做什麼、想著工作、沉思過去或計劃明天的一天？也許你會發現，你並不想與內心的情緒共存。也許你還沒有準備好。

13. 繼續傾聽心裡的聲音時，它可能會表達它需要你提供什麼，來使它感到更安全、更開放、更有愛、或者更接納。這些訊息可能會以畫面的方式呈現，或者只是直觀的「知識」。請注意自己與內心有更深層的連結後，會如何讓你接收來自內在世界的訊息。

當你學會以這種方式與你的心共存時，無論內在或外部發生了什麼事，你都會透過練習和時間來學習，如何與真正的安全、愛和支持的來源產生更加緊密的連結。有時，這些會以感覺和感官的方式呈現，有時則是以某個照顧過我們的人的模樣、一個內在養育者的方式存在於我們的內心。等你開始學習如何在關係中保持以自己的心為主時，我們會在第八章重新看一次心靈掃描。現在，我們先在各種情況下來進行這個練習，了解你的內心，好讓你在需要的時候取用內心的智慧。這是我們在整個療傷之旅中會不斷回歸的主題，因為心靈是安全、充滿愛和支持的內在世界基石，可以讓你與痛苦的創傷共存並治癒，找到情緒的平衡，並最終重新學會如何去愛。

與內在保護者做朋友

這一章的其中一個目標，就是幫助你以充滿愛與支持的方式，與你的小我產生連結，意味著學習要如何去了解內在保護者所扮演的角色。在心靈掃描冥想的過程中，你也許會對那些尖銳而批判、不斷告訴你該不該做什麼的聲音感到高度敏感。就像你的小我一樣，你也必須完全意識到他們的存在，他們才能成為治癒之旅的一部分。

從想要把這些保護者推開，變成感激他們的存在，是我們內在最重要的轉變之一。我們當然會希望這些批判的聲音安靜下來，但是他們的激烈程度，正好也暗示了他們想要保護我們免於的傷痛與恐懼有多強烈。如果我的心靈叫我永遠也不要尋求別人的關注，我就可以確定自己過去實在太缺乏關注，導致我的內心有一片如汪洋般廣大的痛苦。我們每個人都可以想像出幾個像這樣的例子。所以對那些正在保護受傷的小我的保護者們來說，感激的態度才是更適當的。他們是在確保，當這個小我無法滿足文化或家庭的期待時，也不會再受到羞辱或批評。

但是我們的內在保護者還有另一個層面。雖然他們不是要限制我們，但卻強化了我們最害怕的事情：我們不夠格、不可愛或是太敏感——也就是過去的關係中，我們所有不被接納的特質。因為他們是源自於恐懼，所以他們對事物的看法是極度非黑即白的。好與壞，對與錯。他們以保護我們的名義，激起了我們的焦慮和羞恥，同時無形中強化了我們所有消極的核心信念。在我們與他們成為朋友、並對這部分的我們表示同情時，他們通常就會讓我們接觸到他們正在保護的小我。一旦小我獲得治癒，這些保護者就不再需要用同樣的方式存在了。這種與痛苦和恐懼共存的內心工作，反而是平息這些每天困擾我們的聲音的捷徑。

在我們討論保護者的時候，你的腦中很可能已經出現某個畫面了。注意他們在你腦海中的外觀與聲音。也許這是你父母的聲音。一位客戶告訴我：「我聽見我媽勸我不要打桌球，否則男孩們不會喜歡我，所以現在，每次我想在一群男人中表現自己時，我的整個身體就會退縮，我會覺得喉嚨發緊、說不出話來。如果我試圖反抗它，那個響亮的聲音就會對我大喊大叫，說我是個白痴。」也有可能是更抽像的，例如社會的聲音。「——是不淑女／沒有男子氣概的行為。」我的一位男性客戶則說，儘管他的妻子和女兒都愛他，但她們都寧可他去死，也不希望他表現出軟弱的一面。你的保護者都在說什麼？你有沒有可能深入地傾聽他們的聲音，然後回溯到他們極力想要避免重現的痛苦根源？

其中的悖論是，聽從這個聲音，會讓人感到安全。他們說的話，似乎都很合理。畢竟，如果你像雜誌和電影裡的角色一樣又瘦又有錢，你的人生不就完美了嗎？不幸的是，事實並非如此。擁有平坦的腹部或是高額存款，與你愛與被愛的能力毫無關係。除非經歷過大量的治癒過程，否則我們的內在保護者就會持續下去，因為他們的動機就是要保護你不再經歷你預期中的痛苦。這個保護者會批判你或是嘲弄你，因為他們希望你不要在外在世界經歷同樣的感覺。如果沒有治癒的過程，他們就會像是某種成癮症狀，被迫不斷重複著同樣的行為，直到需要遠離的痛苦和恐懼變少為止。

當我們與自己的這個部分做朋友，理解他們的角色就只是要保護小我免於痛苦，並感謝他們的付出時，保護者們就會覺得自己的聲音得到傾聽和理解了。發展出信任後，他們就會願意打開門戶，讓你看看小我的痛苦和恐懼儲存的地方。現在保護者們把我們視為盟友、會一起保護小我的安全，而不是另一個想要傷害或批評那個珍貴孩子的外人。在這些舊傷療癒的過程中，我們的保護者越來越不需要試著站在小我和創傷之間了。小我越來越能體會好奇、幻想、玩耍與直覺的喜悅，保護者的聲音也會安靜下來。我們的內在保護者，也和我們的其他部分一樣，值得無條件的愛。這些保護者們轉而開始針對此時此地所發生的事提供照顧與建議，而不再是防禦一個過去不斷重複的傷痛。他們不會再說「你不該讓人看見你流淚」，而可能會說：「你的淚水很珍貴。這個人可以讓你安全地分享眼淚嗎？」他們充滿智慧的引導，會開始幫助你辨識，誰可能是值得的伴侶。

練習：如何和你的內在保護者成為盟友

你準備好要與內在保護者做朋友了嗎？很好。第一步，就是意識到你的內在保護者何時在對你說話。如果你是焦慮型依附的人，他們的聲音可能已經在你腦中存在得太久，你甚至會相信他們是你最強壯的一部分。或者甚至是你最真實的樣子。但請記住，事實並非如此。內在保護者就只是你豐富的內在世界的一員。有意識地告訴自己他們的身分，你就會更加熟練地發現他們只是想要保護你。他們可以幫助你看清你拋棄了哪部分的自己、讓你更能被人接納。當他們說「你不准跟老闆頂嘴」時，你也許會想起在家裡表達不同意的時候有多不安全。跟著接下來的步驟，你就會更了解內在保護者了：

1. 開始有意識地練習傾聽內在保護者的聲音。當你的念頭出現「該」或「不該」通常都代表著他們的存在。
2. 對他們重複傳遞的訊息產生知覺。當你開始更仔細地傾聽他們的聲音時，你有注意到他們的主題嗎？對他們來說，什麼事情是最重要的？隨著你逐漸開始學會觀察他們的模式，你也許與會開始回想起哪些時候，這些念頭、感覺和行為在家裡都是不被接受的。

3. 感謝你的內在保護者，幫助你不要重犯那些會讓你在家惹上麻煩的錯。感謝他們幫助你打開了治癒之路的大門，讓你能接近那些核心創傷。讓他們知道你下定決心要這麼做，這樣你才有做出不同反應的自由。向他們表達信心，在你療癒的過程中，他們不必再這麼警戒了，你也很期待他們能繼續引導你，讓你看見你對其他人的影響——反之亦然。你也許會發現你的內在保護者已經軟化下來了，因為你把他們視為你身上很有價值的一部分。

隨著你持續進行，你會發現內在保護者有多嚴格、多霸道。你一直在聽從他們的話，因為你覺得聽從這些負面、批判的聲音，能讓你走上正途。你也許會害怕，如果少了他們，你就會失去所有保護、沒有自我意識，也不知道你的人生該走向哪個方向。就像是一匹馬忘記了，就算少了鞭打，牠也能繼續往前走。事實是，你的內在保護者，會在你內在的創傷平息下來時逐漸軟化，並持續以溫柔的方式引導你。

現在，讓我們再次看看你的內在保護者會如何與你的小我互動。記得第二章裡蘇珊的故事嗎？她氣自己的伴侶丹恩不幫忙洗碗。她的小我感到不受重視而憤怒。但她的內在保護者一直在警告她：「什麼都別說！你只會讓他生氣而已。說出你的想法只會帶來爭吵。他大概會離開你。滿足他的需要是你的工作，但他不需要滿足你。你的感覺並不重要。」這些恐懼深埋在蘇珊被拋棄的核心創傷中，正好是一個人的內在保護者試著保護小我不要再被拋棄的例子。

如果蘇珊聽從內在保護者的聲音，小我就會畏縮並躲藏起來。她會壓抑自己的怒氣，她的不滿也會持續堆疊。如果她的小我贏了，她也許就會變得情緒不穩、並對著丹恩大吼大叫，而不是和他談談她的感覺和洗碗的事。她的行為或許會被衝動的情緒所左右。我們這些焦慮型依附的人，對這兩種反應應該都算熟悉了。這樣的狀況會一直持續下去，直到充滿關愛又講道理的大人，也就是你的內在養育者，出手干預、並幫助你開始治癒自己。但你越了解你的內在保護者是為了拯救你免於什麼事情，你就越能窺見你的核心創傷。

見見你的內在養育者社群

不管我們的父母有多不適任、不管他們有沒有滿足我們的需求，我們都還有其他人際關係，能幫助我們建立起一個內在的養育者社群。為了幫助你想像，我想要你開始回想——你的人生中，有誰是最有愛、最可靠、最照顧、也最支持你的？就算只有小小的幾個時刻，這樣的連結也很重要。如果你的社群現在很小，我們接下來要進行的工作，就是一個機會，能讓你在其中加入更多能一輩子與我們在一起的人。他們的支持並不是以語言的方式出現。他們以真實存在的形象出現，反映出我們的善良與價值，因此強化我們的自我認同，讓我們認為自己有價值，並在我們心中種下希望的種子，讓我們相信其他人也會用同樣的方式看待我們。他們的安慰和智慧的存在，也會幫助我們走過最痛苦和最困難的情緒，使我們更有可能成為一個完整的人。

我們的人生十分忙碌，又加上伴隨著感情關係而來的焦慮感，大部分的人都不習慣與這些內在養育者所提供的支持產生連結。我們的內在保護者反而成為了最主要的角色，盡可能保護我們遠離更多的傷害。現在，我們要有意識地開始與這群養育者們溝通，並使他們與內在保護者和小我建立關係。我們會盡可能接觸你所內化的那些人，因為他們確實會成為真正存在的活物，會在我們心中提供持續不斷的支持。無一例外，他們都會成為我們安全感的來源，持續與我們共同調節。以下的建議，可以幫助你激起內在養育者的活力：

- 某些時刻，你會感到被不能總是在場的父母重視、擁抱和愛戴。
- 你的治療師或其他教練、導師形像，以溫暖的態度看待和回應你。
- 一個親密且支持你的朋友，他是你生活中最善於表達接納的人。
- 一隻最喜歡的寵物，一直陪伴在你身邊，向你展示無條件的愛和支持。
- 一位不僅支持你的學習過程，而且關心你的老師。
- 一個讓你感到特別「自在」的地理位置。可能是大自然中的某個地方，也可能是某個讓你感到安定且安全的實際地點。

我們也可能從那些不在日常生活中出現的人身上，獲得非常強烈的支持感：

- 某些行為模範，他們在世界中的作為向我們展現出溫暖與熱情。

- 一個精神信仰的對象——我們許多人都與更高層次的力量有親密的關係，不管我們稱之為上帝、沙伽蒂、宇宙、或是大地之母。

讓我們花點時間，慢慢重讀一次這份清單，感受一下誰自動出現在我們的心中。當我們接觸到這些內在資源時，請注意內在保護者是不是也出現了。他們也許會擔心你對可能的威脅視而不見。或許他們甚至會否認這些人的存在。「你怎麼知道他們是真的？他們可能是你的想像而已。」正視內在保護者的存在會很有幫助。「我聽到了。我知道你很擔心。我也想讓你了解這些養育者。我們會需要他們的幫助。」當你聽到保護者的聲音時，向他們表達謝意，然後再回到養育者那裡。用這種方式，你便會開始在這兩個群體之間建立新的神經連結，而這兩個群體通常相隔甚遠，分別存在於你的大腦和心靈中。事實是，我們既需要保護，也需要養育，而我們身體中保有照顧與支持經歷的部分，同樣也是努力保護我們安全而筋疲力盡的部分所需要的。

練習：傾聽養育者的聲音

等你開始與你內在養育者的聲音和能量產生連結，請花一些時間去了解他們。下面的練習，目的是在探索這種新的關係，並邀請這種安全和保護性的能量進入你的生活。因為這種連接的感覺是在心中產生的，你也可以把它想像成你心靈的聲音。你可以使用前面提到的練習錄音檔作為引導式冥想，並儘可能地頻繁練習。無論你心中浮現的是哪一位養育者，這也許會是開始你每一天的一種可愛方式。

1. 閉上你的眼睛，想像一下你為這個練習選擇了誰作為你的內在養育者。盡你所能地在心中想像他們的樣子，感受他們的愛、溫暖、同情、善良和接納。讓這些感覺流入你的體內，並注意這對你的感官和身體層面帶來什麼影響。你可能會因為感覺良好而露出微笑。你可能會經歷情緒釋放並開始哭泣。沒關係。單純地在這種內在資源的陪伴下休息，並允許任何情緒出現。
2. 現在，問問你的內在養育者有沒有訊息要告訴你。深入聆聽你身上各個層面的反應：無論是口頭上的、情感上的還是感官上的。你可能會聽到一些像是你自己的聲音在告訴你「你很安全」，或者只是感受到溫暖與愛的感覺。你也有可能會產生不適感，因為你的內在養育者正在告訴你這項練習對你來說是具有挑戰性又陌生的。但是這也沒關係。

3. 請允許自己感到安心、受到重視、被接納和鼓勵，以及安全。透過這雙充滿愛的眼睛，你注意到了自己的什麼特質？你對自己有哪些正向感覺正在得到證實？

4. 相信你可以體驗任何出現的感受：「空虛」、「平靜」、「快樂」或「悲傷」。你的內在養育者正在為你提供一個安全的空間。他們想讓你知道，你情感上的現實就是你的現實。他們想讓你知道，做自己是安全的。

5. 如果一個內在保護者出現，也許是要求你為自己的所作所為感到羞恥，請讓你的內在養育者溫和地介入。接受保護者的建議並向他們保證一切都很好。聆聽你的內在養育者告訴保護者，你是安全的、被支持的和被愛的，而且不管你感覺到什麼都沒有關係。

6. 現在請你的內在養育者，藉由提供安全、支持和無條件的愛，來幫助你治癒受傷的小我。邀請他們存在於你的生活中，陪你向前邁進。

7. 感謝這個充滿愛的存在幫助你治癒自己。也感謝你的內在保護者如此努力地保護你的安全。等你準備好時，再睜開眼睛。

現在我們積極地讓內心這些有愛的人參與，你可能會發現自己在一天中轉向他們的次數不少。起初，我的一些客戶很難理解，我們為什麼可以將某人對我們的愛、支持、能量和善意帶入我們的內心世界。但是，我注意到我的許多客戶開始會自然而然地說「當我掙扎著不要喝酒的時候，我就會在腦海中聽到你的聲音」。或者「我只需要把手放在胸前，就會覺得你和我在一起」。我們的大腦構造很不可思議，當我們需要關心和支持時，我們就可以將某人納入心中、使我們感到安慰。

你可能也會聽到內在養育者和內在保護者對話。這一切都會重建你內心的世界，為小我準備好一個他們可以感到安全的環境。在下一章中，我們會進一步與你的內在養育者互動，好增加他們的影響力，並學會依靠他們的存在來治癒受傷的小我。當我們來到這項工作的核心時，我也會在你身邊。你不是獨自一人。

第五章　從內而外治癒小我

如你現在所知，你與小我的關係，會影響你與外在其他人的關係，尤其是你的親密他人。小我的核心創傷是由童年時期而來，而這會影響你成年後直覺尋找的感情關係，因為一部分的你學會了以某種特定的受傷方式來愛與被愛，而它從來沒有得到成長所需的照料。再上一章，你已經見到了你體內負責養育的那一部分，只要你受傷的小我需要被安慰，你就能隨時呼叫他們。更棒的是，隨著時間過去，這些內在養育者可以幫助你打造一個安全而支持的環境，能夠為你最深刻的感覺留出空間並包容他們。就像一個貼心、負責而充滿愛的家長，你身上這些充滿智慧的部分，會讓你有表達情緒的自由，同時也建立出界線，保護你的安全。這種無條件的支持是我們在小時候沒有獲得的東西，而內在養育者永遠會做我們的後盾。

邀請這些部分帶領你學習如何獲得可以幫助小我的穩定、善良而養育的能量，這對於走向自給自足的工作來說非常重要。要開始這個過程，我們需要花更多時間學習如何與你的內在養育者合作，幫助治癒你受傷的小我。你也可以和治療師、諮商師或教練一起進行這個工作，我強烈建議你尋找額外的專業支持，來幫助你走上自給自足的道路。透過這本書，我也可以成為這樣的存在。依靠這些人的愛，能讓你建立起自己的內在療癒社群。如果你擁有一個強大的內在養育者社群可以供你求助，你就不必單靠自己以外的其他人來獲得所需的愛和支持。

內在養育者社群提供了安全感，好讓你更了解小我的各個層面，他們就好像是你自己的孩子一樣。這代表你要學著注意這些層面被喚醒或是準備表現出來的跡象。你的內在養育者可以和小我的各個層面同在、傾聽他們的需要。這意味著要與小我的情緒狀態協調，好讓你能夠幫助他們說出某個時刻的感受，並了解他們的情緒波動只是暫時的。從本質上來說，這代表我們要成為小我的基石，這樣當被遺棄的恐懼感覺到了無法承受的地步時，小我也不會再執著於竭盡所能地去抓著某人或某事來尋求安全感，因為他知道，自己內心有一個資源豐富的支持社群。

有些人會把這個過成稱之為「再撫育」（re-parenting），因為基本上這個工作就是要讓你得到你的第一照顧者在童年時無法給你的照顧。當這個照顧的社群變得越來越強壯，一股內在的共同調節就會應運而生。在我們的人生中，我們需要、也想要找到與他人的親密連結。這就是我們生而為人的一部分。治癒你受傷的小我，會使這件事便成一個愉快的成長過程，而不是急迫的尋找另一個人來完整你的人生。在你療癒的同時，你也會同時發現，你開始更貼近那些健康而支持你的人，例如你的內在養育者，或是你相信能幫助你的人，當你伸出手時，他們就能給你這樣溫暖而支持的特質，幫助你在身處的世界中前進。

慢慢花時間、以你自己的步調，和我一起進行這項工作，這是非常重要的。沒有一個必須達到的目標，也沒有獎勵星星可以拿。你的小我永遠都與你同在，他永遠都會需要安慰與照料。學著信賴你的內在養育者，以及在這段旅程中陪伴你的人，這是個動態的過程，一開始也許會讓你覺得很陌生，但之後將會帶給你穩定成長的內在安全感。

學習與小我同在

認識小我的第一步，就是對自己與他們現在的關係有所認知。我們在上一章有提過這一點，我們會注意到內在保護者對他們帶來的傷害、卻同時又想要保護他們。讓我們再更深入一點，並與你最近的小我各個層面好好相處，看看他們想說些什麼。

這一開始或許不會非常自然，這是很正常、也沒問題的。事實是，我們所處的社會通常認為情緒是混亂或讓人不舒服、甚至是浪費時間的存在。我們大部分的人都是在忽視情緒的家庭環境中長大的，而不管父母有多愛我們，他們仍時常太忙或太分心，沒有時間和我們坐在一起，花時間聽聽我們的感覺。相反地，如果我們心情不好，我們通常會得到一個擁抱或是一句「很快就會沒事的」，或者只是得到一片餅乾、或是能看更久一點的電視。在這個情景下，我們也沒有要怪罪任何人。精神健康和情緒智商等議題最近才變得稍微主流一點。我們的父母更有可能不知道該如何與自己的感覺共存。面對困難的情緒時，通常大家的反應都是能越快修復它越好，不管是吃藥吃到好（用酒精或是處方藥都是），或者只是戴上一副勇敢的面具，並假裝一切都很好。

作為孩子，這代表我們也學會做一樣的事，因為那就是我們身為家庭一份子所需要的條件。我們真正需要的，是我們的父母為我們示範，如何為自己完整的情緒體驗留出足夠的空間，包括驕傲、喜悅、興奮的感覺，以及困難、痛苦與困惑的情緒。想像一下，看見其他人不快樂時，自己會有多不舒服，然後我們又會多快速地把目光轉向我們手邊的事，好讓我們迴避不舒服的感覺（不論是食物、工作、購物、藥物、滑社群軟體、運動，什麼都行），你就能知道，當我們談到感覺時，這整個社會氛圍還有很長一段路要走。

由於我們習慣快速略過痛苦的情緒，這會使我們沒有任何空間來學習如何以健康與支持的方式走過我們正在經歷的感覺。這也意味著我們已經忘記了能在痛苦與混亂之中所找到的魔法與治癒之藥；我們忘了，如果我們足夠勇敢，並為那些急切地想要獲得關注與傾聽的受傷之處保留空間成長，那麼勇氣將為我們帶來治癒的靈藥。這些受傷的部分也許從來沒有得到他們所需要的一切，卻掌握著對我們整個人的福祉都有影響的重要資訊，而它們通常只是渴望著願意關心他們的人給予關注。我們所有的感覺，都需要知道它們是很重要的，我們所有的感覺都需要獲得**傾聽與認可**。當我們談到治癒小我的部分時，你的內在養育者就需要站出來，並開始認可你的每一個層面。

要成為小我每一個層面的睿智領導人，唯一的方法就是學會傾聽他們所說的一切，而這意味著學會每時每刻都盡可能地保持平靜、與他們共存，但這對焦慮型依附的人來說很不容易。如同前面所說的，我們通常學會要對外部世界保持高度警惕，以此來保護自己的安全，並仔細觀察他人的行為和反應，來尋找我們可能被拋棄、然後（在非常年幼的孩子依賴他們的照顧者生存時）只能留在一旁等死的跡象。這有助於培養我們對他人需求的敏感度，也是我們保持穩定的方式之一。但這是有代價的，因為比起自己內心所發生的事，我們反而對周遭的狀況更加了解。

我們變得越忙碌、越分心，越尋找外在的人提供我們愛，我們就會越難聽見小我的聲音，更別說召喚我們的內在養育者所提供的愛與支持了。當我們對這個內在支持社群敞開心胸時，我們就會對小我發展出內在同理（internal empathy）。慢下腳步，也意味著與我們的痛苦同在。就像我們前面所討論過的，就我們的社會而言，我們並不知道要怎麼與痛苦並存。所以讓我們慢慢來，一起進行。

傷痛之處，也是治癒之處

不管我們在人生中調適得多好、或者我們有多幸運，每個人都還是有痛苦的經歷。在小我的例子中，我們所挾帶的核心創傷通常伴隨著我們一生之久，甚至看起來像是我們的一部分了。我們若無法處理這種古老的傷痛，它就會被困在我們體內，讓我們用有色眼鏡看待整個世界，並阻止我們活出豐富而滿足的一生。

雖然我們的天性會迴避痛苦的經歷，但有了充滿關懷的支持後，我們便可以學著與自己內心的一切共存，包括不被愛的感受、或是需求沒有獲得滿足的感覺。當我們建立起必要的界線來保護我們自己免於那些憤怒和受傷的部分，我們同時也建立起一道牆，攔阻了在我們心中能帶來喜悅的一切。因此，我們沒有辦法從內心自然的資源汲取快樂和幸福，只能追求外在的快感來使我們自己好過一些。就像我在第三章裡提到的，利用追逐另一個人來當作療傷的藥劑、或是從痛苦上轉移注意力的方法，只會帶來共同依附與戀愛成癮。

現在，我們要認真感受並體驗身體正在傳遞給你的訊息。我稱之為投入你的感情。請記住，每一個感覺都是可以被接納的，這點很重要。我的意思是，沒有所謂的「好」感覺或「壞」感覺。我們很常聽見別人在說正面和負面的感覺，但說實話，所有的感覺都是重要的溝通訊息，告訴我們內心正在發生的事。那些「好」與「壞」的標籤，通常都是代表父母或照顧者不知道該如何透過見證與尊重來認可我們正在經歷的情緒，不管多痛苦、困惑或不方便都一樣。

舉例來說，孩提時期，你也許會因為父母沒有去學校接你而感到生氣。也許你父母的車爆胎了，或者他們臨時有事、使他們遲到了，而你卻被嚇壞了。等到他們抵達時，你也許擺著明顯的臭臉，使他們問你：「你為什麼要生氣？我來了啊。你沒有什麼好怕的！」這感覺像是個自然的回應，對吧？他們想要讓你知道你很安全。但這其實正是忽視情緒的一個好例子——而在這個當下，他們的意思是，你不悅的感覺也許不真的、或是錯的。你的身體現在也許仍然可以感覺到，自己當時的感覺被批評或否認時的感受。

另一方面，如果你的父母能夠認可你的感覺，並讓你知道他們看見並理解了你的需求，他們或許就會請你分享他們遲到所帶給你的感覺。仔細聆聽你想說的話之後，他們也許會點點頭、並告訴你：「是的，你的擔心很合理。不知道我在哪裡，這感覺一定很可怕吧。」花一點時間感受一下，這句話帶給你的身體什麼感覺。

說到底，讓自己的孩子失望時，父母的感覺都會很糟糕。如果他們間接造成了痛苦，他們也許會激起自衛的心情，並試著對自己的缺失輕描淡寫，試圖讓自己感覺好過一點。罪惡感也是一種負面情緒，沒有人想要覺得自己是個壞家長。假裝剛才發生的事情或是產生的感覺並不是件大事，這樣簡單多了（尤其是像上面這個例子，沒有人真的受傷的狀況下）。但隨著時間推移，這種情緒被忽略的經歷會使我們感到困惑和脆弱。我們都知道，需求沒有獲得滿足的孩子，永遠也不會長大；他們會以受傷的小我繼續活在你的內心。

這不是為了要怪罪任何人。我們許多人都會忽略自己的情緒，因為這就是我們學會的應對方式。但到頭來，我們的感覺就是我們情緒需求的傳信人。當我們無法認可自己的感覺時，我們就是不准許自己去感覺此時此刻的感受，這也意味著我們不准自己產生某種需求。為這些感覺保留空間，意味著學習如何接納內在養育者的情緒認可，以及那些在旅途中陪伴你的人。這是個重要的步驟，讓你學會如何不斷滿足自己的情感需求，不論是靠著自己的內在社群，或是尋求能夠陪伴你的人以健康的方式來幫助你。

你可以訓練自己的內在認可，只要想著一件讓你感到不悅的事情就好了。注意並指明那個情緒，例如追蹤它在你的身體裡帶來什麼感受。然後傾聽你的內在養育者想要告訴你什麼。讀完這本書後，我也會成為其中之一，所以你甚至可以想像我說：「產生這種感覺是好的。我們可以一起探究這個感覺的意義。」如果你注意到，當你的感覺被傾聽時，你的身體就放鬆下來的話，那你就可以停下來了。但如果你意識到，這個感覺已經超越了現在的狀況應該要有的程度，你也許可以想想，你之前在什麼時刻產生過同樣的感覺。這個問題的答案並不是每次都能快速出現，但你的內在世界會很感激你慢下腳步、並提出這個疑問。如果你意識到現有的情緒確實與過去有關，那麼你現在會因此感到不悅就很合理了。你只是意識到感受背後的情緒邏輯（emotional logic）而已，就像是上述遲到的家長一樣。

擁有一個內在保護所（Inner Safe Place）也很有幫助，你的內在養育者社群可以隨時與你的小我共存，並照料他們心中所發生的事。他們可以透過內在對話（內在聽覺）進行交流，你也可以透過你的心靈之眼，想像他們坐在一起討論的模樣（內在視覺）。當我的小我需要被傾聽時，我就可以看到我親切的祖母、並聽到她的聲音。你的內在感覺能力，能夠允許任何需要被感覺到的情緒存在於你的心中。

在接下來的練習中，我們會使用你的內在洞察力，為他們創造一個會面的地方，而你必須將這種體具象化。為了幫助你記住小我的樣子，在這個練習中，請你找一張你小時候的照片，並將它放在手邊。我們可一起做這個練習。如果你在某一刻開始感到不安、或是覺得體驗進展得太快，你都可以停下來，睜開眼睛，把腳踩在地上，並感受你信任的人的存在。這也是在聽小我的聲音。

內在保護所

1. 首先以舒適的姿勢躺下，如果可以的話，就用一些東西遮住眼睛並擋住光線。閉上眼睛，深呼吸到你的心臟空間。緩緩呼氣，讓空氣充斥在你的心臟周圍，同時延長你的呼吸。練習十到十五次呼吸。感覺你的神經系統變得更加放鬆。學習如何放慢呼吸和感受心臟的速度，這一開始可能有點困難，所以只要做你感覺舒服的次數就可以了。以這種方式呼吸，也許甚至會喚起某些回憶，所以如果發生這種情況，請對自己溫柔一點。

2. 現在，想像一個「安全的地方」。也許這是過去你一直感到安全的地方。或者可能是大自然中的某處。回想它的外觀、感覺和氣味的細節。舉例來說，如果是一片海灘，你可能會感覺到微風吹在臉上、腳下踩著沙子。當你想像這個安全的地方時，請注意你在這裡感到多麼平靜。

3. 現在，邀請你的小我前來。想像他們，並看見他們出現在這個內在保護所，並請注意他們的坐姿或站姿。如果你覺得想像他們出現很困難，這只代表他們需要更多時間來相信自己是安全的。只要對他們隨時保持歡迎就好，我們可以改天再嘗試其餘的練習。（稍後，我會解釋他們為什麼會害羞。）

4. 一旦你能看到你的小我，請邀請你的內在養育者加入這個內在保護所，並注意你的養育社區中是誰出現了。請他們自我介紹。例如：「你好，小我。我是來看你、聽你說話，還有幫助你的。無論你需要什麼，我都在這裡。」讓他們向小我解釋他們可以接納小我所說的一切，而且小我完全有權表現和表達自己的一切。

5. 現在邀請你的內在養育者詢問小我的感受，看看小我是否能夠分享。然後用你的內在聽覺深入聆聽，並單純地認可他們所分享的內容。小我的某些部分很有可能會感到孤獨或空虛、悲傷或憤怒。記住，內在的養育者不需要嘗試修復他們。只需讓小我知道他們的感受在這裡是被接納的。告訴他們，他們被允許感受這一切，而你就是為他們而來的。

6. 當他們說出他們想說的一切時，告訴小我，你永遠會在這裡傾聽他們、並給予他們愛。讓他們知道你會定期與他們溝通，而他們分享的越多，你就越能了解他們的需求。

7. 在你關閉之前，請小我留在你的心靈中心，這樣你就可以把他們懷抱在你身上最神聖的地方。你甚至可以想像把這些小傢伙變得非常小，然後把他們從安全地移到你的心裡。如果在手邊的話，你也可以把那張照片放在靠近你心臟的地方，邀請他們進入。

8. 慢慢睜開眼睛，讓自己回到現實的房間裡。大口呼吸，注意你在的所在之處以及房間裡的擺設。

小我的各個層面都需要被人看見和傾聽，但他們可能需要一段時間才能信任你的內在養育者。他們可能已經被忽視了很長一段時間，所以他們很難想像有人會聽他們說話。如果他們一開始沒有出現，或者如果他們無法分享自己的感受，請不要氣餒。請記住，其他人讓小我失望了，所以你可能需要重複這個練習幾次，他們才會覺得自己足夠安全，可以與你對話。但現在，你永遠都有這個保護所可以使用了，而常常回到這裡，能向你的小我展示你樂意陪伴他們、了解他們的需求，並傾聽他們所說的話。邀請你的內在養育者見證和認可受傷小我的感受，意味著允許你自己去感受任何湧起的情緒，而且不會告訴他們「應該」或「不應該」有這種感覺。這會提醒你的小我，他們的感覺都沒有錯，一切的感覺都是沒有關係的，而且在你的內心深處有一股資源，可以讓他們隨時支取需要的支持。

當你更深入這項工作時，必須有足夠的決心來不斷壓低外界的音量（不要把所有的注意力都放在你的感情關係上，也不要積極追求讓你分心的對象），這樣你才能把更多注意力放在內在體驗上。當你學會使用這個內在指南針在人生中航行時，你便會更加信任自己的內部養育者社群，而你也越來越不會把這一切責任都交在他人手中。

真正的自我之愛

在我們的文化中，我們對自愛的概念變得非常熟悉，但我們經常忽略下面這個事實：真正的自愛，其實是要為我們自己的每一面努力站出來。花時間去水療中心、或是在大自然中散步，或許會幫助你與內心世界產生連結，這是學習與小我相處重要的第一步。但它不能止步於此。儘管感覺混亂又可怕，但向自己承諾會花更多時間體驗出現的每一種情緒，這一點是非常重要的。

當你開始接觸這些更深層次的感受時，可能會發現自己為了減輕痛苦，便轉而投向保護措施的懷抱。或許會是餅乾、Netflix 派對、葡萄酒、瀏覽社群網站或線上購物。當這些衝動出現時，也許你的內心世界正在發出信號，提醒你需要放慢腳步，暫時停止內心的工作。如果你確實發現自己正轉向某個你特別喜歡的消遣，你可以問問自己：「如果我不吃這塊餅乾，我會有什麼感覺？」以這種方式傾聽你的內心世界，也是一件非常光榮和值得尊重的事情。如果在停下來聆聽之後，你仍然覺得被餅乾所吸引，那麼你就算吃了，也不是什麼壞事。找一個能支持你的朋友一起，可以讓你比較輕鬆地開始這項工作。以這種方式求助，可能會幫助你減少其他舒緩的需求。請記住，你永遠可以照著你的步調慢慢走。

至於接下來可能會出現的情況，焦慮型依附的人最難受、最壓抑的感覺，會是憤怒、悲傷和羞恥。事實上，光是讀到這些句子，就可能讓你意識到自己內心有多沉重。最重要的是，你要學會投入這些感受。憤怒可能是最可怕的。我們的憤怒是想要保護我們，並希望透過道歉或其他形式的補償來伸張正義。要健康地表達憤怒，可能意味著你要讓一個人明確地知道他們是如何傷害你的，但如果這會威脅到你對伴侶的依附關係，那麼光是想到要進行這樣的對話，也會喚起你被拋棄的核心創傷。如果你伴侶的反應是變得自我防衛、並完全將你拒於門外怎麼辦？這值得你冒險說出你的需求嗎？

表現得一切都好、在你受傷的地方貼上另一個OK繃，並在你沉重的內心增加更多的重量，這樣或許會更容易。但是，隨著時間的推移，這樣的重擔所轉化的悲傷，在內心深處卻會迫切想要被人傾聽。而當這種悲傷受到忽視時，我們就會陷入憂鬱。

當你的內在養育者開始與小我的需求進行調節時，請注意這種憤怒和悲傷在哪些日子中會浮現。然後邀請小我到你的內在保護所，讓他們生氣、悲傷，甚至哭泣。你的內在養育者可以幫助小我感到被認可和看見。讓這個過程溫和並持續下去。你不會一下子就痊癒的。相反地，把這視為達成自給自足的旅程的一部分，而且只是讓你活出快樂、完整和自己自足人生的另一個要素。

說出你的感覺

沒有人會一早起來，伸個懶腰後，就告訴自己：「今天真是美好！這個早晨最適合坐下來，和我的內在痛苦好好聊聊了！」我們通常會盡可能迴避這個過程，越久越好。為了讓事情變得更簡單一點，我們可以在你學著投入感覺時，為出現在你心中的感覺命名——這會讓你成為情緒的旁觀者，而不是讓它們成為你這個人。成為旁觀者，讓你可以有足夠的空間觀察這些情緒，並讓它們在你內心流動，卻又不會被它們給擊垮。你做了越多治癒的工作，你就越有辦法當一個旁觀者。而你能觀察得越多，你就越能對治癒的過程敞開心胸，這個練習會創造出一個美好的循環，能支持你走向自給自足。

不論何時，如果你受傷的小我在尋求你的關注，請為他們產生的感覺貼上標籤：「我覺得害怕。」「我覺得擔心。」「我覺得生氣。」「我覺得失望。」如果你喜歡，也可以大聲說出來。這樣一來，當一個強烈的情緒出現時，你也可以用這種方式看待它，而且是從置身事外的角度。你也能更容易看見自己需要滿足怎樣的需求。在與你的情緒連結的初期，你有時候或許會覺得自己被情緒帶著走了。這樣沒有關係，而且是預期中的事。你只要再度開始面對下一波感覺就行。

人際神經生物學家丹．席格（Dan Siegel）也在他的書《第七感》（*Mindsight*）中提到，為你的感覺貼標籤，能夠幫助你把大腦的邏輯面與情感面連結起來。「為一個影響（一個可以觀察到的情緒特徵）命名，會撫平邊緣系統的興奮狀態。有時候，我們需要『命名以馴服』它。」他指的是，我們的情緒會對我們存在於大腦邊緣系統中的經驗做出反應，尤其以杏仁核中的反應最為顯著。如果是痛苦和害怕的經驗，這就會變成我們的核心創傷，而在我們遇到某個事件、進而回想起原本的經驗時，這個創傷就會被激發。它會違反所有的邏輯運作，讓我們好像被傳送回這個經驗讓我們難以承受的那一刻（通常是在童年時期）。少了必要的幫助，受傷的小我就會被迫根據這個情緒作出反應。

為我們當下所感受的情緒命名或貼標籤，等於是把邏輯和思考的前額葉喚醒，出面調停。你也會讓小我知道你有看見、也理解他們的經歷。這種道理與善意的結合，是非常強大的。一但你給了自己的情緒反應一個名字，你就可以問問自己：「這樣的反應恰當嗎？」答案通常會很複雜。從小我的早期經歷來看，這確實很恰當，就算他的反應看起來似乎遠遠超過當下事件所需要的程度。更重要的是，這種強烈的感覺出現時，就是在邀請你與小我的早期經驗對談，讓你能夠認可並治癒它。這時，你的內在養育者就可以邀請小我進入內在保護所，看看他們會不會告訴你，你第一次體驗到這種痛苦時是幾歲。請注意觀察，為你的小我情緒命名是不是會讓他們感到更安全，也更願意分享躲藏在其下的核心創傷。

對你的自律神經系統回應產生知覺

如我們所知，當我們在一段關係中感的害怕時，童年創傷就會再度甦醒。這種恐懼會使我們進入在第一章所看見的原始反應模式，也就是我們的神經系統會對接收到的威脅創造出強烈的生理反應，而你別無選擇，只能根據它作出行動。記得自律神經系統（負責監管我們與人的關係是否安全的系統）是如何把我們的身體器官與大腦連結起來的嗎？當我們受到這種刺激時，我們的邏輯思考就會關閉，使我們的反應可以更快。我們會從進化的階梯上一路下滑，從安全的腹側狀態（也就是我們準備與人產生連結的狀態）進入交感神經活絡狀態，叫我們戰鬥或逃跑，或者進入背側狀態、讓我們完全封閉自己，直到確定安全了再重新與人連結。而這一切都可以發生在轉瞬之間。舉例來說，如果你的伴侶沒有馬上回你訊息，你或許會立刻產生痛苦與恐懼的感覺，認為自己是被遺忘了，並立刻被你的交感神經系統給牽著鼻子走。在這樣的狀況下，你並不是隨時都能呼喚內在養育者，因為你的身體把所有的能量和注意力都用在保護與生存上了。但在治癒的過程中，你便有辦法保持警醒，知道你的自律神經系統受到某種強烈的刺激，不管是來自內在或外在都是。

對這個過程有了知覺與熱情之後，你就可以提醒自己，任何當時可能合情合理的交感神經回應，都是讓你與懷抱這股創傷的小我對談的機會。隨著時間過去，當你感覺到交感神經正受到觸發時，你只要注意到「這或許是之前的舊反應模式」，就可以使這個過程慢下來。然後你就會有機會帶入你的養育者們，並使他們來應付傷害或驚嚇到小我的情境。你會發現，治癒得越多，來自內心安全感的神經覺（neuroception）越強烈，要回到腹側狀態就會變得越容易。以下的練習，就是其中一個養育自律神經系統的方式。

為受驚的自律神經系統提供避難所

在我們最親密的關係中，當某些事情激起我們覺得可能被拋棄的感覺時，我們也許會感覺到身體開始做出反應。我們回想起童年的核心創傷，使我們再也不覺得安全，所以我們的交感神經系統就開機了。當我們的交感神經系統受到非常大的刺激時，最好的做法，就是專注於另一個我們可以在當下控制的系統。也就是你的呼吸系統。用下面描述的方式進行呼吸，可以使你暫時恢復安全感。把它想像成你對自律神經系統的緩和服務，讓你有機會進行困難的內心工作，好改變你的內在風景，並使腹側狀態成為你的基礎狀態。

1. 注意你的身體感覺，並指明正在發生的事情。（例如：「我的呼吸變淺，我感覺胸口緊繃，我感到反胃。」）
2. 大聲對自己說：「這是舊的連結與刺激。」請注意你的雷達已經偵測到危險，而你的交感神經系統正在開啟。
3. 吸氣，讓你的肚子擴張，並努力把呼氣的時間拉長，使它們超過你吸氣的時間。當你的胃充滿空氣時，就會膨脹起來，這可能和你所習慣的方式相反。例如，吸氣時數到四，呼氣時數到五或六。透過頭頂來吐氣。注意這樣做會如何開始減緩一切的速度。用這種方式呼吸，能幫助你的身體向大腦發出訊號，表示你沒事。感受你的呼吸，把你的呼吸帶進腹部。專心跟隨你的感覺、而不是想法。

4. 如果你必須思考，就是不能只靠感覺，那麼就重複「吸氣」和「吐氣」這兩個動作，並回頭把注意力放在氣息充滿腹部和離開的感覺。

5. 告訴自己，你此刻的反應都是舊的神經連結。告訴自己：「無論如何，最後我都會好起來的。」

6. 如果你不能找到一個隱密而安全的地方，現在你可以前往你的內在保護所，並召喚你的內在養育者提供幫助。你也許會、也許很難達到這一步，但是你練習的次數越多，你就會越快變得足夠平靜，最終達到可以建立連結的程度。

7. 如果可以的話，請找一位始終如一且可靠的的朋友來支持你，並詢問他們有沒有時間為你保留一點同理心的空間。與另一個值得信賴的神經系統產生連結，總是會增加你的安全感。

在開始上面的步驟之前，請將雙腳平放在地板上，並想像腳下的地球，讓自己想像你信任的人的形象。如果這種呼吸練習感覺太難承受的話，這些簡單的額外步驟會幫助你平靜下來。

一旦你的自律神經系統冷靜下來，你的感知可能已經發生了足夠的轉變，使你能從更腳踏實地的感覺中體驗事物，而不是被過去的體驗所淹沒。隨著時間的推移，透過練習，你會開始加強你的腹側系統，讓你可以放慢速度、並專注在小我所有的體驗上。同時，請對自己溫柔一點。當我們處於這種高度亢奮的狀態時，會出現的感覺也許會很可怕，而根據我的個人經驗，我也知道要不對它們做出反應是多麼困難。憤怒可能會爆發，你可能想逃跑或只是崩潰。你也許會發現自己向你的伴侶發出了絕望的最後通牒：「如果你繼續這樣下去，我就要走了，再也不會回來了！」但是這種極端的反應只會導致更多的衝突——無論是在你的外在關係、還是在你自己的內心。

把氣息深深吸進你的橫膈膜，其實會向你的大腦發送一個訊息，告訴他你沒事了。透過練習，你就能夠重新回到平靜的狀態，從而重新建立與自己的連結，有時也能與你的伴侶建立連結。在第八章中，我們會更仔細地研究如何在激動的狀況下與不快樂的小我交流。但首先，我們先來看看，當我們學會如何歡迎並接納你激動的狀態時，會發生什麼事。

接納完整的自己，並給她所需的一切

治癒自己受傷的小我，意味著宣告你愛他們，也接納他們所有的層面，無一例外。你以前壓抑或隱藏起來、好讓你能與那些無法接納你全部的人產生連結的部分，現在全都能重新找回來。被拋棄的核心創傷很容易使人成為焦慮型依附，而接納這些部分的自己，會是非常強而有力的方式，能夠培養出與自己和他人更健康的關係。

這些部分究竟是什麼時候被我們給推開的呢？也許是因為有人在學校取笑過你的長相，或是你說過的話，使你決定把自己的某部分封閉起來，因為你認為它們「不夠好」。也許你的父母害怕衝突，所以他們無法擁抱你傷心、生氣或嫉妒的部分。這些部分會因此而受傷，並深埋在你的內心。事實是，我們都有著所謂的「正面」和「負面」的特質。正面的部分就是我們的家人所讚賞的，而負面的部分，則是不被喜歡的受傷之處、或者我們所發展出來的保護者要保護小我的核心創傷。舉例來說，如果你有「貪婪」或「霸道」的部分，它們就會想要替你爭取更多東西來安撫你的需求被忽視的痛苦。我的其中一個客戶就有非常強的控制欲，因為她一直試著要負責處理兩個酒鬼父母所帶來的混亂家境。由於她內心被拋棄的創傷沒有機會得到治癒，每次只要她試著別那麼掌控，她就覺得喝醉酒後的混亂狀況又要出現了，因此她會立刻呼喚內心控制欲極強的保護者，來壓制有可能會鋪天蓋地的恐懼。

內在保護者需要先暫時退到一邊，直到經歷了痛苦和恐懼的小我受到關注、認可、並得到過去所需的東西為止。在這個過程中，你最需要做的事，就是溫暖地見證並理解，但如果有恐懼參與在其中，你就必須確保小我得到安全感，如果他受到羞辱、那麼就必須要提供接納，如果他感到痛苦、就要給他安慰，而如果感到被拋棄，那就要給他許多陪伴。這些行為統稱為修復性或失驗經歷（reparative or disconfirming experiences），並會改變小我受到創傷的某些模糊記憶所帶來的意感。

一但這些痛苦獲得解脫，我們的內在保護者就不需要拼命抓住過去控制痛苦和恐懼的老方法了。我那位控制欲強的客戶就帶著小我的恐懼來到我們的諮商中，她在我的辦公室中找到了一個安靜的保護所，並在我平靜的腹側神經狀態中得到了庇護。在這個安靜的諮商過程中，一次又一次，她沉浸在自己過去所需要的理解、溫暖與安全感中，而她的控制欲也隨之一點一點消失，令所有人都鬆了一口氣。

練習：接納完整的自己，並給他們所需的一切

作為人類，我們生來就具有平等且無條件愛著萬物與人們的能力。理想中，我們也有能力相信人們會平等且無條件地愛我們。但當然，人生經歷告訴我們，這不是事實。現在，讓我們再度與你的小我連結起來，看看過去有沒有讓小我認為他們沒有價值或不值得被愛的線索，這樣你和內在養育者才可以開始給你應得的無條件之愛。準備一本筆記本和一支筆，來進行這個接納與治癒的練習。我會把所有的步驟提供在這裡，但你可以分段進行。我們要用照片當作這個練習的錨點。你可以以你自己的步調進行，一次一張照片也可以。你也許會發現自己在這個練習的好幾個階段都在用同一張照片。只要用你覺得最好的步調進行就可以了。

1. 找出五到十張你在童年不同階段的照片來進行。也許可以去你的媽媽家跟她借舊相簿，或者請親戚傳幾張照片給你。如果有需要的話，印出來也可以。

2. 邀請你的內在養育者和你一起開始。在手邊準備好照片，舒適地深呼吸十次，

把氣吸進你的心靈中心，感受到你的胸口擴張。把呼吸頻率拉長，但不要到讓你覺得頭暈的程度。在你呼吸時，想像空氣從你的嘴巴或鼻子進入，並向下前往你的心臟。

3. 選一張照片看著，並繼續深呼吸到心中。把這個孩子帶到你的心靈中心。

4. 寫下此時此刻你心中所有的感覺。例如：「這張照片是我和我哥哥在夏令營的時候拍的，讓我覺得興奮又自由。」或是：「這張照片是我在遊樂園拍的，讓我對我爸爸感到很生氣。」

5. 認可並寫下每一個感覺所帶來的記憶、欲望或想法。「我真希望我還和哥哥保持聯絡。為什麼我們漸行漸遠了？」或者：「我討厭恐怖的雲霄飛車，但爸爸逼我去坐。」

6. 閉上眼睛，盡可能把自己傳送回照片拍下的那個時刻。試著辨認你的年齡、並邀請當時的感覺進入你的身體裡。看看還有什麼當時的故事也會浮現出來。把你回想起來的事情都寫下來。

7. 邀請你小時候更深層的感覺進入心中，並把感覺寫下來。例如：「在那個微笑下面，我其實很不快樂。我一點都不想在這裡。」有哪些想法和這些感覺相關呢？

8. 在內在養育者的支持下，問問自己：「當時我有什麼需要是沒有獲得滿足的？」例如，也許你想要得到更多父母的關注，或者也許你想要更多的玩耍時間。

9. 對每一張照片進行上述的步驟。等你把感覺、想法和沒有獲得滿足的需求都寫下來之後，把所有的文字都讀一次。你有沒有注意到，你開始學會哪個部分的你是「不恰當」的呢？

10. 在你搜集這些時刻、感覺與回憶片段時，開始注意你有沒有在批判或把自己的哪個部分推開。也許是個不受人喜歡的人格特質、或是別人認為你有多醜或多笨，或者隱藏在表面之下的羞恥感。

11. 最後一個步驟，是開始用充滿愛的嶄新目光看著你的小我。不批判、而是接納他們的一切。你的內在養育者非常擅於觀察這些年輕的孩子當時需要、但沒有得到的東西。我們的這些部分，會用當時沒有得到的撫慰、安全感或接納，來包裹小我的每一個層面。在這個修復創傷的過程完成後，我們的小我就會更加安定，也更能從創傷發生後深陷的痛苦和恐懼中獲得釋放。讓他們知道你有多愛他們，而且他們所經歷的一切，都是他們故事中非常重要的一部分。

當我第一次進行這個練習時，我並沒有回想起快樂的記憶，只有痛苦與羞恥。我在青少年時期身材巨大，而我發現我一點都不想看著自己的照片。顯然我無法完全接受自己青少年時期圓滾的模樣。與我其他年齡的女孩相比，我也矮了許多，我甚至是生理期最晚來的一個。我在那個時期的感覺和想法清楚地表示出，我有幾個核心創傷使我相信：我不值得被愛，還有我一定哪裡有問題。

隨著時間過去，我把這個小女孩和她認為自己「不足」的受傷感覺推到一旁，但她們當然一直都存在於表象之下，形成了小我契約的基礎，讓我在成年的關係中一次又一次地受傷。與照片中這朵更晚綻放的花朵產生連結後，我就可以用肉眼看見我對自己的愛何時開始出現了條件，最後則轉變成自我厭惡。然後我終於有辦法請我的內在養育者告訴她，她的羞恥感和寂寞都是可以理解的，而且這個女孩永遠都會被我接納為我自己的一部分。隨著時間過去，那股羞恥感在接納與理解中緩緩融化，而這為她留出了空間，讓她和我的任何其他部分一樣受到歡迎。

等你無條件地接受自己受傷的小我，並開始傾聽他說的話，你就會更熟悉要怎麼與他溝通了。當你發現你對某事特別失控、或是對某個情況所產生的感覺特別壓抑，你就更有可能停下來思考自己為什麼會有這樣的反應。問問自己：「現在發生了什麼事？我是在對什麼事產生反應，是眼前的狀況，還是過去的創傷？為什麼我會對自己的感覺產生羞恥感？」這些問題，都會開啟受傷的小我與內在養育者之間的對話。

給琪琪的愛

現在，讓我們看看要如何學會認可並接納你所有的感覺，並給予當時需要但得不到的東西，並治癒舊的創傷。這樣會幫助你變得更強壯，能夠在感情生活不順利時轉而從自身的內在資源中獲取力量。請記得，與值得信賴的人分享你的過程，把自己被他人接納的必要經驗給內化，也是增加內在資源的方法。

我的客戶史黛西剛來找我的時候，她正在為自己領養的一隻十五歲老狗哀悼。我們一邊處理她失落的情緒，一邊逐漸意識到，她在談感情時有一些更深層的問題：只要她試著與自己的伴侶奧莉薇亞表達自己失去寵物的哀傷時，這些問題就會被觸發。史黛西和我分享，她對奧莉薇亞沒有太多的抱怨，她們的感情也一直都堅若磐石、並享受彼此的陪伴，但當琪琪過世時，她們就遇到了極大的障礙。

開始時，史黛西會轉向奧莉薇亞，在她處理這股失去的悲傷時給她支持。但每一次史黛西提起她的傷痛時，奧莉薇亞就會快速給出不認同的回應，例如：「不要難過」或是「至少你們有十五年快樂的相處時間」。有時候，當奧莉薇亞感覺到她的哀傷時，她就會完全迴避史黛西。這喚起了史黛西不被重視的感覺，並使她陷入了強烈的痛苦中，而她告訴我，她開始覺得奧莉薇亞並不在乎她正在經歷的創傷，使她覺得自己被拋棄了。

另一方面，在我們諮商的過程中，我只是準備了一個空間，讓她感受自己的痛苦。我經常與她分享認可的發言，就像內在養育者一樣，例如：「這當然很痛苦了。失去琪琪就像是失去一個最好的朋友。」或是：「有時候感到難過，本來就非常正常——而且這本就是一件難過的事啊。」我可以看得出來，史黛西並沒有一個保護所（不論內在或外在）能讓她感受痛苦，在她年幼時，也沒有得到足夠的外在認可，使她的內心能擁有這種資源。她的伴侶奧莉薇亞並不是有意要傷害她——事實上，她是想要使她好過一點——但史黛西越覺得奧莉薇亞忽略她的感覺，她對自己的伴侶就越煩躁和憤怒。

當史黛西逐漸開始了解奧莉薇亞為什麼難以支持她時，她們就可以梳理這些問題了。奧莉薇亞對史黛西的痛苦感到不舒服，其中的原因與她對史黛西的愛毫無關係。但當史黛西學會與自己的內在養育者建立連結時，真正的魔法才正要開始。她的內在養育者是以她溫暖的祖母形象出現，幫助她處理痛苦。她的身體記得坐在祖母的大腿上，和她分享任何一件哀傷的小事和大事。她可以放膽流淚，知道祖母會聽她說。

琪琪的逝世同時也是美好的催化劑，讓史黛西可以為生命中其他的失去與拋棄哀悼，而她當時多半沒有獲得足夠的支持來度過。被拋棄的感覺會隨著時間逐漸堆積。如果我們沒有辦法在路途中處理它們，痛苦就會堆積起來，最後只要有一個事件打破平衡，就會喚醒一股腦湧上的舊傷痛——並促使我們對勾起我們感覺的那個人爆炸。在戀愛關係中，這只是我們小我契約的一部分。

史黛西的故事顯示出，當我們允許自己去感覺、並完全接納所有的情緒時，我們的身體與感情關係就會找回平衡。當我們允許感覺浮上檯面、並滿足第一次發生時無人能提供協助的需求，這樣的奇蹟就會發生。舉例來說，一個焦慮的母親也許很難聆聽並安撫難過的孩子，因為她自己本來就很難過了。沒有一個人需要被怪罪，但在傷心時被拋棄的創傷，對這個年幼的孩子來說很真實。想要治癒自己，這股痛苦就必須要重新表達、並重新獲得充滿愛的回應。如果我們有足夠的內在資源，我們也許就能靠自己做到這一點。如果我們還沒有內化其他人給我們的幫助，那麼把這股痛苦表達給我們信任的人聽，並讓他們擁抱我們，就能帶給我們療傷的藥劑，而在此過程中，這個人的存在與安慰，未來也會成為你的內在資源。存在於我們心中的痛苦，只有在感受到時才會釋放，否則它只會繼續停滯不前，像中毒一般感染我們，並阻止我們給予和接受愛。由於這樣釋放被拋棄的痛苦，並在現實中接受這些情緒，是走向自給自足的核心，我們會在下一章進行更多相關的工作。

你很值得

當你開始為自己的感覺尋找一個家、並溫柔地照料小我的每一個層面，你也許就會開始感覺到，你是一個完美地不完美、又無比完整的人類。強化你的內在資源，並接納曾經被排除在外的自我，你就能夠知道自己所有的強項與挑戰。這也會漸漸幫助你了解，你值得他人無條件的愛。這麼做的其中一個美好之處，是你也會有辦法接納你的伴侶和身邊其他人的每一個層面。這是能夠維繫長期關係最安全的基石。

大多數焦慮型依附的人，都在極低的自我價值中掙扎。若你曾拒絕或排除自己的某個部分、以尋求家庭的接納，那麼自我價值低落就是其中一個副作用。如果我們沒有得到應得的認可，我們通常就會總是覺得自己有問題。當我們學著帶入內在養育者，幫助我們處理被拋棄感，我們也就會接納覺得自己不值得被愛或被關注的小我，這才是他們一直以來所需要的。我們內心一直渴望得到這種內在的安慰，儘管我們的消費者文化總是在教導我們相反的道理。這個世界提供了我們無數的方法，讓我們的外在感覺好過一點，但事實是，沒有任何成就或財產能夠提供我們長久的自我價值感：不論是六位數字的薪水或設計師精品，或是穿得下XS號褲子的屁股。

我們的另一場戰爭，則是十分流行的一個說法，那就是他人給我們的愛，會決定我們的價值。我們之中的許多人，都會發現這一點與我們的核心創傷有共鳴。我們的小我忍不住相信，好吧，如果這個伴侶愛我，那我一定值得被愛吧。畢竟，這就是我們從小就一直在等待的事物：有人愛我們、讓我們在他們的眼中看見自我價值。與其冒著發現這個伴侶可能不愛我們的風險，我們會寧可過度延伸自己、忽視我們自己的需求，並壓制我們的憤怒，因為它可能會把我們的伴侶越推越遠。換句話說，我們變得失去自我，好讓自己不再覺得不值得被愛。根據文化教會我們的東西和小時候的經歷，我們的內在保護者不斷逼迫著：「你必須更加努力，做得更多、減肥到更瘦，才能向他們證明你值得。」但事實是，真正的自我價值是發自內心，打從心底知道你沒有什麼好證明的，而你永遠值得被愛。我們要知道，我們沒有比別人「不配」或「更好」——事實上，我們就是我們，每個人都一樣「剛剛好」。透過練習，用這一章提供的方式與你的內在養育者一起合作，這個心態會逐漸成為你的常態，你也不會再那麼需要內在保護者的批判聲音了。

如果你開始感覺到這是我們前進的方向，這會是在前往自給自足的過程中感到痛苦時的激勵，而我也會在接下來的內容中，繼續引導你完成這些工作。在這一章中，你學會了如何勇敢地投入你的感受，以及要如何邀請你的內心養育者社群來認可、並接納受傷的小我的每一個部分。我希望你在進行這項工作時，繼續與自己的這些部分保持連結。在你的一天中，請內在養育者告訴小我：「你並不孤單。」以及：「你已經足夠好了。」如果他們還沒辦法完全接受，請聽聽小我真正想和你分享的東西。接下來，從失去自我到自己自足的過程中，我們要繼續擴展和深化這個過程。

第六章　從失去自我到自給自足

見到你的內在養育者社群，讓他們與你坐在一起、並詢問你的感覺，這讓你覺得怎麼樣？知道你心中這些充滿愛與支持的部分一直都在你身邊，有什麼感覺？也許你感到不可置信。也許這帶出了脆弱與缺乏信任的感覺。又或者，你已經開始感覺到，知道你擁有自己隨時能取用的內在資源，能隨時讓自己知道你很好，這會讓你感到多麼充滿力量。你正準備要獲得更深層、更自身的認知，知道你所需要的東西，此時此刻都在你的心中。

要揭開讓你變成焦慮型依附的經歷，並治癒你的核心創傷，讓你可以用互利的方式與伴侶建立起更安全的依附關係，是需要投入時間與承諾的。我們在前一章所展開的旅程，是從失去自我走向自給自足的核心元素；從感覺自己完全依附在他人身上、好獲得愛與支持，轉而變成與自己強大的內在資源建利連結。

我們在這本書中已經提過好幾次所謂的「失去自我」了。讓我們快速地複習一下。從人生的早期經驗中，我們開始相信，如果我們有自己的需求，我們就是太霸道。當我們表達自己合理的願望時，我們通常得到的都是來自親密他人的不以為然或是拒絕，所以我們開始以最深刻的方式理解到，如果我們對自己的伴侶表達需求，我們也會得到一樣的回應。這代表作為成年人，我們會盡可能地把伴侶的需求放在第一位，並忽視自己的需求。因為我們不被允許擁有自己的需求，所以我們受傷的小我相信，我們並不值得被愛，而我們必須得在感情中過度壓抑自己，才能贏得愛。我們開始相信，表現出無私或無我的樣子，才會讓我讓我們看起來像是「好人」。畢竟，沒有人會想要看起來很自私，對吧。但請記住，表現得自私和變得自給自足，是完全不一樣的兩件事。在這一章中，我們會繼續用內在的愛與支持來充實自己，並繼續支持小我進行自我療癒。透過這項工作，你就能夠從充實的內心開始對他人付出。

首先，讓我們更仔細地看看，所謂的「失去自我」是什麼意思、我們是怎麼走到這一步的，以及它為什麼與焦慮型依附如此緊密相連。

內在拋棄與拯救的幻想

在最核心的部分，失去自我的根基是一股深刻的、內在拋棄的意感。我們的父母並不打算要傷害我們，但他們或許沒有足夠的內在資源，能夠讓我們覺得自己的需求和欲望是重要的。我們會把與我們有情感關係的人內化，所以我們會把這些缺席的父母帶入我們的心中，即使在我們離家許久之後，他們還是會繼續反映出我們的需求有多不重要。要不了多久，我們就會忘記自己的需求和欲望也很重要，因為我們太專注地想要讓父母與我們保持連結，而拼命想要表現出他們喜歡的樣子。

為了得到我們所需要的連結，我們會盡自己一切的努力。要成為一個家族的一員，有時候代價實在太高又太痛苦了。舉例來說，如果我的父母在成長過程中無法變得自給自足，他們最多也就只能提供我斷斷續續的愛與關注。我們會透過學習，得知哪些行為會使他們離我們更近，進而推開有其他需求的那一部分自我。一個孩子會學會，她的哀傷會使她的母親封閉起來，所以她把自己傷心的那一部分深埋起來。另一個孩子則發現自己的生命力和喜悅，是不被父母所接受的，所以她變得安靜又憂鬱。

這其中發生了兩件事：我們把自己切割成可被接受和不可接受的部分，而我們把大量的時間都花在觀察我們父母的情緒，想知道我們要怎麼表現才好。很快地，我們就忘記了自己的需求，只會專注在其他人的需求上。同時，我們內在看不見的地方，會堆積起一股空虛與悲傷。成年後我們想努力控制這些他人無法接受的感覺，所以我們在進入一段新感情時，就會不斷重複拋棄我們自己的需求。

當我們成年時，無論我們有沒有意識到這點，我們的內在慣性都希望我們的感情關係遵循同樣的模式。因為這些痛苦的損失仍然存活在我們身上，而且我們從來沒有發展出注意自己需求的能力，所以我們會抓住最近的安定來源（通常是伴侶）來提供我們安全感與保障。童年時學到的東西使我們認為，我們需要竭盡全力，才能讓這個人留在我們身邊。我們時時刻刻都感到十分不安與不確定，即使付出了這麼多努力來滿足他人的需求，我們還是沒有感覺到父母在看著我們、選擇我們，或留在我們身邊。這種反覆失去連結的狀態，會產生壓力反應並喚醒我們的交感神經系統。雖然我們相信，我們的行為是為了建立連結，但實際上我們的恐懼會使我們從腹側狀態離開，來應對我們的交感神經反應，而這使得與另一個人的共同調節和深度連結變得無比困難。在這種亢奮的狀態下，我們會竭盡全力來尋求某種程度的解脫。

此時「拯救的幻想」就出現了。我們現在需要的是一個救世主，騎著白馬出現在我們眼前，一把將我們抱起，帶著我們朝夕陽奔去。這個童話般的迷思會這麼盛行是有原因的。一個孩子要逃離被照顧者拋棄的痛苦，其中一個最常見的方法，就是創造一個幻想，在那個故事裡，我們會被拯救、也會被人看見我們真正的價值。我和一個年輕女子合作過，她告訴我，她曾經幻想自己可以走過房裡的全身鏡，進到一個在乎她的家庭裡。從仙履奇緣到美女與野獸和白雪公主，這樣的幻想再常見不過了，甚至已經深埋在我們的文化描述之中。

近年來，《暮光之城》系列又再度加深了這個念頭的影響，完全顯示出了這種拯救幻想是如何在戀愛關係中運作的。貝拉是一個受困、失去自我的公主角色，對她的神秘拯救者產生了強烈的愛慕（在這個例子中，這名拯救者是個讓人興奮但又危險的吸血鬼）。她甚至哀求他殺了她，這樣他們就可以在陰森的後世中永遠在一起，並永遠放棄了她人類身分的存在。在這個故事中，他們兩人似乎都陷入了戀愛成癮的泥沼，她的吸血鬼甚至一度說出：「你就像是專屬於我的海洛因一樣。」作為一個焦慮型依附的人，這種永生不死的愛，會一時半刻地撫平痛苦的潛在信仰——如果相信愛情的話，一切終將會走向失落。

雖然這個幻想聽起來很不健康，但負責說故事的內在保護者，至少會暫緩我們被拋棄的恐懼。當我們缺乏原生家庭所給予的關注時，這樣的幻想對孩子和青少年們其實是很健康的，我們還是可以幻想自己受到照料與重視。否則的話，我們就會陷入憂鬱與絕望。這樣看來，我們把這個信念投射到我們心目中充滿愛的關係裡，包括相信對方就是「真命天子」，一切就合理了。

因為我們的創傷從很小的時候就開始了，我們的內在需求和期望，便是這個拯救者要像媽媽照顧新生兒一樣體貼入微。同時，我們也已經認定他們會拋棄我們，就像我們最脆弱的時候照顧者對我們做的事情一樣，所以我們不管進入哪段關係，都會帶著強烈的焦慮感。我們的主要內在保護者就是要我們把自己交出去，所以我們現在也會這麼做。由於沒有太多可取用的內在資源，我們便很樂意把自己的一切都交給對方（在貝拉．史旺的案例中，則是她自己的生命），來交換對方給我們的愛。當我們開始上一章的工作時，我們便可以找回自己，開始尋找內在養育者、並讓我們所需要的外在支持包圍我們，照料受傷的小我，直到他們有辦法感覺到自己的需求，並擁有可以取用的內在的照顧系統。

失去自我、自私與自給自足

在人生的不同時刻中，根據不同的情境，我們都會經歷失去自我、自私與自己自足的狀態。由於童年的適應方式不同，有些人更傾向量表中的某一個方向。當你讀到下面的敘述時，你覺得自己與哪一種最為貼近？你覺得自己在不同情況下，三種感覺都有出現過嗎？請慢慢讀過下面的描述，並注意你的身體和情緒反應，盡可能地不要做出任何批判。

「**失去自我**」：沒有得到幫助來形成自我價值的概念（通常會自我責怪或羞辱），就會導致我們失去自我。在這個狀態下，我們會習慣不穩定的照料，並相信要得到愛，就得先付出：也就是必須刻意不滿足自己的需求，才能得到愛與正向的關注。這通常都不難，因為我們對自己的需要已經沒有什麼意識了。我們把大部分的時間都花在關心他人上，所有嘗試建立或加強自我界線的努力都會失敗。我們沒有意識到、或是太害怕表達自己的需求，導致我們一直感到乾涸。在失去自我的狀態下，我們更容易意識到外在的世界、而不是我們的內在。我們通常會處於生存模式，而這會阻止我們放下心來、並與我們自己同在。要我們把視線從別人身上轉開，就是在威脅著要打開被拋棄時那股無法忍受的疼痛。因為我們與自己的內在幾乎沒有任何連結，我們便難以信任自己，也通常會懷疑自己的決定。由於我們過去無法與自己的父母共同調節，失去自我也意味著我們得依賴他人來與我們調節。孩提時期，我們就學會對他人高度敏感，藉此形成生存的策略，並阻止我們意識到自己的核心需求與情緒。

讀到這裡時，記憶中有哪些時刻，會讓你產生這種感覺呢？如果有的話，你可以把它們寫在你的筆記本裡。如果你注意到某些隨之而來的身體感受或情緒，你也可以把它們都寫下來。這些觀察可以成為你治癒小我的起點。

「**自私**」：在光譜的另一端。我們也許會因為缺乏關注，而開始相信我們自己要為自己想要和需要的東西負全責。在這個不斷想要滿足自己需求的衝動之下，是和失去自我的人同樣的空虛與恐懼。我們的內在保護者只專注在滿足我們自己的需求，而對自我的意識可能會過度膨脹（通常會怪罪或羞辱其他人）。這會保護我們遠離深埋在心底，覺得自己毫無價值的感覺。我們害怕變得脆弱，也無法展現出真心的同理心，並相信只有封閉自己才會安全。有時候我們會變得過度獨立，以免自己依賴他人來滿足我們的需求。從另一方面來說，我們也許會為自己的需求做出不可理喻的要求。最令人難過的是，就算這些要求獲得滿足也無法填滿那股空虛感，所以我們總是想要更多。這使我們永遠都保持在交感神經活絡的狀態下。

因為我們太害怕表現出脆弱，因此喜歡專注在能讓我們覺得更有權力和掌控的關係中，並將此作為一種保護機制。我們難以與別人共同調節，因為對別人敞開心胸讓我們感到自己的安全備受威脅，而我們的安全感是建立在獨立自主之上的。我們的界線也許會非常強硬，因為我們更喜歡與他人保持界線（有時候我們也需要感覺自己很特別或比其他人優秀）。我們比較喜歡先相信自己，也很難相信別人。我們習慣專注在自己身上，並會拒絕他人的需求，好保護自己免於他人的主宰或操控，避免暴露自己內心的空虛與痛苦。

我們都會有像這樣只專注在自己身上的時刻，或者，我們也有和這樣的人在一起過。你可以把自己的這些時刻，或是這樣的人如何影響你的狀況寫在筆記本裡。我們很容易對這種自私的衝動變得批判，但透過反省，你會發現，是痛苦和恐懼在驅動這種自我中心。這些片段，也可以成為小我治癒工作的起點。

「自給自足」：如果我們的父母能反映出我們的完整性與價值，或者我們已經從童年創傷中走了出來，我們會擁有內在養育者與外在資源，也就更容易達到這個狀態了。在自給自足的狀態中，我們便能有效地滿足自己的需求，或者請別人滿足我們的需求。我們有穩定的自我價值感，也覺得我們是值得被愛且珍貴的。我們心胸敞開，願意接納自己的每一個層面，並對自己的行為負起責任。我們可以保持健康的內在與外在關係，也有能力同情他人，又不會因此而失去自己。在自給自足的狀態下，我們可以汲取內在養育者的愛與熱情，因為我們從其他人那裡得到過這些資源，並把它們內化了。這代表我們有大量的愛可以給予，並且不會乾涸、也不會耗盡自己的心力。因為我們並沒有扛著痛苦與恐懼的巨大包袱，獨處時也會覺得安全。我們有辦法在親密與互相依靠之間切換，並對內在與外在情況有著反應的自主權，不會失去對自我的意識。我們會認為感情關係是內在互相依靠與支持的，也有辦法相信其他人。

把你覺得自己進入自給自足狀態的時刻寫下來，就算只有一下子也好，只要寫下來，就會增強你的感受。當你專心這麼做時，你也許會注意到在你體內所升起的感覺。下面的表格，顯示出這三種狀態與我們自律神經的關係。

1. 失去自我和自私的狀態（交感神經狀態）
戰鬥或逃跑的激動狀態
恐慌／恐懼／焦慮／擔心／憤怒／沮喪
衝動
能量擴張

2. 自給自足的狀態（腹側迷走神經副交感神經）
與自己和他人建立聯繫的能力
快樂與奮的狀態
深度休息的狀態

活潑／好奇
同理心／熱情
安全感

3. 失去自我和自私的狀態（背側迷走神經副交感神經）
沮喪
恥辱
封閉（保存能量）
憂鬱症
習得無助（多次嘗試連結，最後卻陷入絕望）

就如同先前提過的，這些狀態都存在於同一個量表或光譜上，而且每個人都有可能從一個狀態變成另一個狀態。我們人多數人在進入親密關係時，都有進入某一狀態的特定傾向，並以此來面對我們的生活。失去自我和自私的狀態都會激發我們的交感神經系統（戰鬥或逃跑），並激起我們對生存的恐懼。而自給自足的狀態則會容許我們保持在腹側狀態，我們更容易處理情緒，也更容易與其他人產生連結。對自己的每個層面產生意識，並對它們抱持熱情與接納，然後努力為我們的核心創傷進行治癒，就能支持我們不斷發展自給自足的狀態。

理想化與愛情轟炸

如果你覺得自己是焦慮型依附者，那麼拯救的幻想對你來說應該很熟悉。也許這是一個在你的人生中不斷重複的動態，只是你一直沒有發現，你一直下意識地理想化你的新伴侶，把他當成潛在的拯救者，但他們離開你之後，只讓你覺得更迷失、更孤單了。這也是非常常見的狀況，而我們也時常在前面的章節中所提到的焦慮與逃避型之舞中看見這種互動方式。

如果我們在童年時期從來沒有得到過照顧者專心致志的寵愛與關注，我們的內在就會持續渴望著那種永遠無條件的愛。通常，這種理想化是伴隨著父母或其他照顧者

（不知情地）拋棄與傷害下所出現的。當我們還小時，我們才剛發展起來的大腦會經歷母親陪伴所帶來的美好經驗，而當她缺席時，我們則會感到痛苦與害怕。如果我們的父母在幼年時期陪伴我們的時間夠長，這兩種狀態便會融入進我們的體內，讓我們能夠完整地接納他人有讓人愉快的優點，也有缺點。我們自己也會有同樣的經歷。當我們的父母無法以溫暖、照顧與接納來陪伴我們時，我們渴求一個能永遠陪伴我們的完美伴侶的願望，便從來沒有獲得滿足。我們的體內會殘留著一個有感的需求，想要找到一個對我們來說最完美的對象。

當一個潛在伴侶帶著這樣的注意力出現時（有些人稱之為愛情轟炸）小我便會覺得他們的拯救者現身了，因為我們從幼年時期就期待這樣的伴侶會出現。不管是讚美、獻殷勤、情書或是風花雪月的承諾，不管是否立意良善，一直在保護自己、又擁有拯救幻想的小我，都會覺得我們找到了救世主。現在我們會開始理想化我們的新戀愛對象，相信伴侶不會做錯任何事，也準備要原諒或忽略他們的任何短處了。接下來我就會竭盡所能地想要保住這個人，而我們則會穩定地失去自我。

這則悲劇是這樣的：一段感情的開端，兩人的專注力確實都會完全放在對方身上，而隨著感情關係逐漸成長，這樣的專注力自然會下滑。對對方的關注會被生活的需求給稀釋。如果事情發展順利，我們會對彼此產生更多信賴，而這會減輕我們不斷需要對方證明的需求。如果我們的小我還是因為早期創傷經歷而痛苦，他們通常都無法做到這樣的轉變。相反地，小我會變得更恐懼，並把更多的自己給出去，好確保這樣強烈的感情會一直存在。

由於小我的需求並沒有得到足夠的滿足，使他們無法發展自我意識，於是在極端情況下，這樣的關係便會變得想要完全與伴侶融合在一起，因為被包裹在另一個人的能量中，感覺就像是唯一安全的環境，就像是小嬰兒一樣。只要受傷的小我覺得安全感受到威脅，他們的內在警報系統就會轟然大作。他們會竭盡心力想要維持與伴侶的親密程度，把他們所有的專注、能量與注意力都投注在對方身上，並把自己擁有的最後一絲自尊都抹去。更糟的是，如果他們的伴侶已經養成了逃避型依附的傾向，這種黏人的行徑只會把對方越推越遠，而你的伴侶只會開始拉開距離，好保護他們所需要的安全感。舉例來說，你的伴侶會不再回電給你、或是直接消失。如果這讓你覺得似曾相識，你必須知道，這樣的行為或感覺沒什麼好羞愧的。你的小我只是試著要建立起親密關係，因為他們覺得生存受到了威脅。意識到你正在經歷這樣的情況，就是學習在進入這個狀態時進行介入的第一步。

拯救者迷思是為了要保護我們的拋棄創傷，但令人傷心的是，這樣的幻想會使許多人緊抓著痛苦、甚至暴力的感情關係不放。我們根深蒂固地認為無私的狀態是一種優點，並認為一定要把別人的需求放在我們之前，但這樣的念頭只會加深我們的問題。隨著我們的工作持續進行，我們的小我會發現，他們擁有養育者的內在資源，以及值得信賴的外在資源。此後，拯救的幻想就會逐漸失去吸引力，因為我們不再需要它了。

愛的渴求

失去自我的狀態在所謂的「戀愛渴求」（love hunger）或情緒渴求中，會以更強烈的姿態出現。當人們對愛無比飢渴時，他們便會產生出想要把自己喜歡的對象給「吞噬」的念頭。我的其中一個客戶正在哀悼她剛結束的一段感情，說她的戀愛成癮正面臨了嚴重的戒斷症狀。「我好想他，想到都想把他吞了。」她是這麼告訴我的。這個用詞你以前或許聽過，或者甚至自己也說過。

對任何人——尤其是有逃避型依附的人來說，你能想像這種愛情觀有多讓人窒息嗎？但這只是小我在表達自己對愛的需求，想要填補自己內在的空虛感而已。就像是生理上的飢餓感，這種感覺也許有可能會變成生理的上的痛苦，想要獲得伴侶的注意力，並對對方的碰觸有著非常真實的「飢渴」。空虛感會導致情緒性的暴飲暴食，同樣的，「對愛的渴求」也會使我們對戀愛關係產生難以抑止的「狂熱」，卻又永遠無法滿足我們，因為事實上我們只有在自給自足的狀態下、並得到內在養育者的照顧時，才會得到滿足。

我們要花好幾個月的時間進行內在工作，才能讓她受傷的小我得到足夠的照顧。她的母親在她兩個月大時就因病去世，而這樣的失去在她心造成了創傷。在那個年紀，食物與愛是緊緊交織在一起的，所以當一個孩子失去她的主要照顧者時，就算她的基本需求獲得滿足，她也還是會感到飢渴與寒冷。我們建立起她的內在養育者社群，就從我們倆人開始，然後再擴張成一群值得信賴的朋友，而這正好是一個嬰兒從出生直到一歲時會經歷的事。她對前任的渴望逐漸開始消弭，她開始接納周遭的人所提供的照顧。她發自內心地決定要進行治癒，使她的情感黑洞不再匱乏，最後，她終於有辦法放下了。

推下神壇

史黛拉是我的客戶，她來找我時，對於自己一直吸引到同樣類型的男人感到無比困惑。她總是遇到位高權重、卻又以事業為重的男人，他們也全部都已婚了。史黛拉自己是個開朗而聰明的女人，而她不知道自己為什麼會吸引到這種擺明不可能有任何發展的男人。

探索了自己的過去之後，她終於意識到，她喜歡的這類男人都和她爸爸有著相似的特質，這個男人在她心中已經被理想化成了超人般的存在。他的事業非常成功，而他把悲傷視為一種軟弱與弱點。她也和我分享，她的爺爺是個非常強悍的男人，在他的兒子們三歲時就會逼他們表現得像個「男人」。我們在這裡暫停了一下，感覺她父親的創傷是如何使他拒絕承認自己或其他人身上的任何一點痛苦或軟弱之處。

她開始讓自己變得強硬，好保有父親的喜歡。而在內心，她把自己柔軟的感情，與家族中不重視情緒的痛苦藏在一起。史黛拉也分享，她的爸爸在她十二歲時再婚了，而他很顯然重視他的新妻子超過任何其他人。在幾次的諮商中，她和我分享自己有好幾年都感到非常不受重視、覺得自己被父親拋棄。她也很難對父親的行為表達憤怒，因為他堅不可摧的形象使她不得不把他放在一個神壇上供奉著。她需要一個父親，卻意味著她需要放棄自己，他需要一個願意保護他遠離自己創傷的女兒，卻要女兒拋棄自己來配合他。她無法把他當成壞人，所以她下意識地把他對待她的方式怪罪到自己身上。

對我來說，史黛拉的拋棄創傷很顯然開始與她的成人感情關係產生互動了。她會選擇非常在乎事業成就、卻對自己的情緒沒有絲毫興趣的男人（當然就更不會對她的情緒有興趣了），她也會去追求不可能離開自己太太的已婚男人。如果這些人會選擇她，就能證明她存在的價值了。這不可避免地會有副作用。每一次他們只要沒有選擇她，她的內心最深處就會更加堅信：我不夠有趣，我不夠好，我永遠也不會是他們的第一順位。

我們的工作開始後，史黛拉便首先要與小我的許多層面恢復連結。當她傷心難過時，她總是想要得到父親的注意。她十二歲的小我看見爸爸總是把注意力投注在新的太太身上時，她就會感到痛苦。在我的辦公室中，由我擔任她的內在養育者之後，她終於有辦法對父親表達出憤怒之情，並願意認可這些情緒是自然且合理的存在。把爸爸從祭壇上推下來之後，她終於可以看見他的本質，她是個有缺陷的人類，也是用他唯一知道的方式在愛她的女兒，但卻在過程中一次又一次地讓她失望。在一段時間後，她終於鼓起勇氣，為她的悲傷清出一個空間，並終於開始了解歡迎與接納她所有的感覺，不管有多痛苦，都是走向自給自足的過程。最後，由於她與自己的情緒經驗建立了連結，接受了從我和其他人那裡得到的關注與認可，並接納自己完整的自我，她終於吸引到了一個情感上能陪伴她的伴侶。

我們的小我很容易會理想化拋棄我們的人，就像史黛拉理想化她的爸爸一樣。通常這意味著我們只會記得好的時光，因為那是我們的需求短暫獲得滿足的時刻。我們會把痛苦和恐懼遠遠推開，直到意識的邊緣，好讓我們能繼續生活下去。然後我們又會焦慮地在每段關係中等待著那些珍貴的時刻再度出現。每一次它們以潛在的戀愛機會出現在我們眼前時，我們也許會短暫地得到安撫，但當對方無法治療我們深層的創傷時，我們又只會覺得失望。等到我們發現了所需要的支持來治癒小我，並打造起內在的支持社群後，我們便會更穩定、也更平衡地與新伴侶相處。

信任跌落（trust fall）

想像你背對著一群你所信任的人站著，你往他們方向倒去，並相信他們一定會接住你。你一定要感到足夠安全，才有辦法放心地讓自己跌入他們手中。你放開手，而他們一定會接住你。放掉拯救的幻想就有點像是這樣。對我們這些焦慮型依附的人來說，要把這個一直保護我們免於受到拋棄的痛苦所侵擾的故事放掉，我們需要內在與外在的確據，保證我們會被絕對的安全與真實的連結所接住。這並不會立刻發生，但當小我的治癒變得越來越深時，我們的內在養育者社群逐漸壯大，我們勢必要學會放手。現在，有著願意把拯救幻想交出去的心就已經足夠了。你必須相信，有著內在與外在強力而溫柔的支持，跌入寂寞的恐懼中是走向下一個治癒階段的必經之路。你需要勇氣才能走上這條路，因為你第一次如此信任他人又如此脆弱的時候，你還是個嬰兒或幼童，而這種敞開所帶來的痛苦現在依然在你的體內。

我們扛著的這些舊瘡疤，也是生而為人的一部分。另一部分則是，在我們的每一個細胞和神經連結中，都有尚未開發的健康資源。治癒我們的痛苦會為這種內在健康留出浮現的空間。從靈性的角度來看，我們可以稱之為與更高層次的資源產生連結。如果我們可以體驗到比孩提時期那種強烈的不安全感還要更深層的真理呢？當我們可以體會到身邊的愛與支持時，我們也許可以擁有足夠平復恐懼的力量。當我們可以做到這一點時，我們的心就會敞開，而我們會看見自己在路途中一直都受到各種支持，包括我們的友情、我們的創意與智慧、甚至是自然本身。這段時間中，我們的小我一直試著依附在其他人身上，想藉此感到完整，他們最早所學到的經歷，使他們對宇宙中最簡單的真理產生了盲點：他們其實早已與這一切產生了連結。在被拋棄的恐懼之中，這種更深層、更真實的見解，或許感覺就像是個幻想，但隨著我們逐漸放下救世主的故事，我們便會更接近這種受到保護的感受。

我們會在第八章中更仔細地探索這個過程。現在，我想要你交出這個幻想，並把它視為遠離自我拋棄，並走向與內在自我深層、滿足而不可動搖的連結的第一步。你已經走了這麼遠，而我身為過來人，也知道這樣的追逐、擔心、自我犧牲、為感情委屈自己，是多麼疲憊，並使你的靈魂感到多麼乾涸。以失去自我的狀態活著，代表你總是覺得疲乏。不管有多少水療按摩或大採購治療，都無法補足你為了找到並保住愛的嘗試所消耗的能量。

要你放下你對於愛與被愛的所有認知，聽起來也許很可怕，但我自己本身也是個活生生的見證，能讓你看見另一側等待著的自由與內在的平靜。看著我的客戶走上這段旅程，並經歷重新回到自我的過程，就是我工作的根本原因。

就如同我們前面所看到的，你的起點是回到你的內心世界，並開始照料它。這個工作的一部分，便是治療小我所持續經歷的創傷，也就是我們上一章所提到的內容。這裡，我們則要繼續進行這個工作，並同時專注在建立你的能力，使你更能感受到在創傷之餘，你真實的自我是什麼樣的人。利用接下來提供的自給自足冥想，你和我可以一起前往小我世界的更深處。他們一切的情緒都會受到歡迎，你的內在養育者也會提醒你自己有多完整，並逐漸養育出內在的寧靜與扎根之感。我們可以體驗到更多溫暖的情緒，像是感激、喜悅、同情，以及愛。

當我們經歷這些正向的情緒時，我們的心跳節奏就會變得非常規律，就像是一道平緩而和諧的波浪。這被稱為諧振（coherence），而透過練習，我們便可以更頻繁地產生這種放鬆但警醒的狀態。我們的心臟與大腦變得同步，給我們更多的機會汲取內心充滿愛的聲音，並幫助我們與內在的智慧產生更多連結。在這個狀態中，我們會感覺更安全，而這會使我們處在腹側狀態的時間變得更長，進而體驗到更多自給自足的感受，也能更輕易與他人產生連結。

這個冥想也能幫助你足夠放鬆，使你的腦波從 β 變成 α。這會讓你有辦法慢下腳步，並放鬆到你能夠接觸到更多潛意識的程度。你就是在這裡與小我一起治癒，並會逐漸轉化你對自我價值缺乏的任何感覺與信念。在我們進行這個工作的同時，我們也是在提供自己必要的條件，使你的依附系統從焦慮型轉變成安全型。之所以如此，是因為你會接收到你的系統所需、但小時候卻無法獲得的東西。這是你在體內發展出安全感的必要養分。

在我們開始之前，讓我們先回到第二章，並針對你在那裡所發掘的記憶、感覺和信念做些筆記。設定好一個意圖（這意味著有意識地為自己做一個承諾，用某一種特定的方式進行這個練習）會有些幫助。其中一個適合我們現況的意圖是：我是受人支持的。在我們努力走向自給自足時，我們就是在打造對內在、外在資源，以及宇宙本身的信任，相信它們能給予我們所需要的一切。

在這個深度恢復的冥想中，我會成為你的旅伴。我們會一起引導你的思想，進入一個準備好放手進行信任跌落、並走向痛苦與治癒的狀態。這是一項非常深入的工作，練習得越多，效果就會越好。任何新的存在狀態，都需要透過重複練習，來建立穩固的新神經連結。如果可以，請留出一些時間，每天進行這個練習，以培養你對自己的整體意識。漸漸地，你與生俱來的內在價值會變得清晰。相信我，即使你現在還無法完全接受，但你未來的自己已經在感謝你了！

每日練習：自給自足冥想

現在，我們要深入到小我的治癒過程之中，加強與我們的內在養育者的連結，並為你的內在保護者騰出空間，減少他們的警惕狀態。無論你此刻有什麼感覺，都請記住，你體內的每個神經系統，都有其自身本來的健康狀態。例如，你的肌肉有放鬆的能力。同時，這些系統也適應了你所經歷的痛苦和恐懼。他們會保有對那些事件的感覺記憶。在你的肌肉中，這些都是長期緊繃的區域。不論你進行多少次按摩或多少次放鬆練習，這些肌肉都會再次緊繃起來，因為它們一直在要求你去關注他們緊繃起來的原因。它們保有了小我的各個層面，也就是希望被看到、擁抱和承認的部分。

在這裡，你我會溫柔地接近你的智慧之身，因為它承載著創傷和治癒的途徑。傾聽它的聲音，會點亮這條道路。當你開始注意你的肌肉和它們周圍的空間、你的腹部和你的心臟時，我會引導你向他們的故事敞開心房，並邀請你的內在養育者社群建立起一個溫暖、穩定的空間。我會幫助你找到方向，回到一直存在你心中的豐富內在資源裡。然後，我們要把注意力放在充滿支持的感覺上，你便可以開始進入內心，感受地球在你下方充滿愛的支持。做這種練習的好處之一，是心腦會產生催產素，這種激素在我們對某人充滿愛意時，就會釋放出來。當我們透過練習，接觸到我們儲存的能量，並允許它釋放出來時，我們便會開始從內部創造出正向的情緒。在我們的心靈中心取得這些溫暖的情緒，能使我們有意識地創造這些神經化學物質，成為我們自己內心的專屬藥房。

由於我們最好慢慢進行這個練習，你可以預留三十到四十分鐘的時間來聆聽引導式錄音，並準備二十分鐘來進行下面的冥想。這個冥想可以分段進行，也可以一口氣做完，依時間和你當天的感覺而定。每一個階段的最末尾都會有一個提示，告訴你可以選擇繼續下去、或是暫時結束當天的練習。這些提示會出現在肌肉感覺與放鬆的部分。最後一部分的腹部釋放，是心臟的擴張，也會是整個冥想體驗的集大成。

在開始之前，請找一個你不會受到打擾的安全之處。你可以使用前面提到的練習錄音檔，而你也許會發現，跟著我聲音的帶領，會幫助你放手，也會提醒你，我們是在一起進行這項工作。你也可以和一位值得信賴的朋友、或是你的治療師分享這個體驗，好獲得額外的支持。

準備好一些枕頭和毯子，讓自己舒適一些。躺在地板上可以幫助你感受到大地的支撐。在你的膝蓋下墊個東西來釋放下背的壓力，又或許在你的頭下墊一個小枕頭，感覺會更有支撐力。就像在坐姿冥想中一樣，你需要保持脊柱直立，並讓身體感覺平衡自在。然後，請你放手，並且放鬆。請確保你關閉了所有的干擾。下面列出的每個步驟，都只是一個建議，如果你不想進入我所提到的領域，請聽從自己的聲音，按照自己的節奏進行。

在我們開始時，我會請你注意身體的特定部位。當你試著這樣做時，你的思緒會四處遊蕩，這樣是正常且自然的。盡可能不要批判自己。相反地，你只需要溫柔鼓勵你的大腦重新將注意力放在在呼吸上就好。你可能會感覺到內在養育者的聲音在幫助你。那麼我們就開始了。

1. 肌肉放鬆，腹部放鬆，心臟擴張。你開始感到安全、舒適和專心後，就讓自己感受到腳下大地的支撐。即使你躺在床上，你也能感覺到地球的主體托著你的身軀。如果這樣會讓你感覺更舒服，你也可以戴上眼罩。

2. 放鬆你的呼吸，開始感覺並意識到你的呼吸進入你的身體。三百六十度地將氣流吸進肚子裡，感受你的呼吸進入每一個細胞，沿著每一個肢體向下移動，並沖刷過你的心臟。注意呼吸難以進入的那些區域。只需要注意，不要批判。你的呼吸會引導你進入放鬆的地方，以及需要你關注的地方。在這一刻，盡你所能地讓身體充滿空氣，感受它擴展你的內在世界，然後再透過你的嘴把它釋放出來。慢慢操作，並在你放慢速度、開始深入時，注意你所有出現的感覺。

3. 繼續以這種方式呼吸，並給自己完全的許可，讓你此時此刻與自己的身體同在。開始注意到這股氣息既在你之外，同時又在你體內，所以你永遠不會缺乏支持。溫柔地掃描你的身體，尋找可能緊繃的部位。也許你會感覺肩膀、臀部或下巴有些緊繃。在你感覺到緊繃的地方，停下來看看這塊肌肉是否有它想要分享的東西。想像緊繃的部分周圍開始軟化。當你感覺到這塊肌肉已經準備好讓你繼續前進時，溫柔地將你的呼吸送入那個區域，並詢問它是否準備好放開它一直緊抓的東西了。讓自己呼吸十次，並將它們傳送到您感到緊繃的地方。

4. 現在，你要開始依序加深對身體某些部位的意識。當你帶著一顆傾聽的心時，你的身體就有機會分享它的智慧。你會感覺到某個部分是自在或是困擾。無論是哪種狀況，它都是保有某種狀態。記住你的意圖（我是受到支持的），這會提供你空間，讓它所保有的東西浮現出來。通常會是從一種感覺開始，然後可能會變成一種情緒、一種記憶、一種對甜蜜或痛苦事物的直覺感受。這都是小我的聲音，他正在告訴你他們感覺受到支持或感到被拋棄的故事。大部分的人都不習慣用這種方式去傾聽，所以不管發生什麼事，請對自己保持溫柔與接納。這種善意就是你的內在養育者在提醒，無論你有沒有把這個練習做對，你都是被愛著，以及被完全接納。

5. 專注在經常保持緊繃的特定區域肌肉：你的腿部、你的手臂和肩膀、你的背部、你的頸部和下巴，以及眼睛周圍的區域。讓我們首先把注意力落到你的腿上。你把意識放在那裡，單純地傾聽，而不要想著去改變任何東西。這非常重要，因為這會為你的身體騰出空間來分享它的智慧、分享小我存在你肌肉中的故事。你會注意到有些部分是放鬆的、有些部分則是緊繃的。然後你可能會感覺到，你的腿有特定的部分需要你的關注。當你把思緒放在那裡時，請對肌肉想要分享的事情保持開放的態度。身體的語言就是感覺，所以只要開始關注它，就是開始聆聽你的身體所承載的故事。當你開始投入注意力時，你的感覺可能會產生變化，也許會減少或加劇。你可能會想起過去的經歷。某些情緒可能會出現，例如悲傷、喜悅、困惑、平靜、憤怒——作為人類可以出現的任何情緒都有可能。當你接受這些溫柔的交流時，一股感激之情也許會浮現，可能是來自你自己，也可能來自你正在見證故事的肌肉。

6. 當你感覺到腿部的肌肉已經獲得足夠的聆聽時，你便可以開始專注在你的呼吸上，輕輕地吸氣和吐氣，表達你對與它對話的感激之情。即使你在進行這些呼吸，你也不要讓肌肉改變現在的狀態，這只是你向它們提供感謝的禮物。

7. 現在你可以對你的手臂和肩膀重複這個步驟。專注、傾聽，接受任何它要分享的故事，並提供它感謝的氣息。

8. 然後是你的背。

9. 然後是你的脖子和下巴。

10. 然後是你的眼周區域。

11. 現在，是時候把注意力集中在你的肚子上了。將一隻手或兩隻手放在你的腹部，感覺它們想要停在哪裡，這樣會很有幫助。你的腹腦（belly brain）其實一直延伸到鎖骨的凹陷處，所以如果你感覺自己的手被那裡吸引，你可以跟著感覺走。你在這裡，只是為了傾聽，而不是指導。記住，感覺是身體的語言，而你也許會開始注意到腹部現在帶給你的感覺。我們的文化對於於肚子的大小和形狀有太多定律了，這而這也許會是你產生的第一層反應。你可能會聽到「你太大了」。你可能會聽到「我不喜歡你」。如果出現這種情況，請感受你的腹部對這些訊息做出的反應。重新專心用氣息填滿你的腹部，再透過吐氣深深放鬆。在這裡大約呼吸十次。

12. 試著更深入地聆聽。你可以問問：「你今天想要和我分享什麼呢？」你可以接受一切身體所提供給你的——也許會有非常多、也許什麼都沒有。有時候「什麼都沒有」是一種自在的感覺，讓你知道身體此刻覺得很有安全感。如果你覺得緊繃或慌張，你可以與這種感覺同在，並看看有什麼感覺要從這裡展開。就像你對待肌肉的地方一樣，記憶、情緒或是更多感覺會出現。盡可能以接收的姿態來面對，利用你的內在養育者所提供的安慰與保證當作支持。也許你甚至可以感覺到你自己正在放手，好像這一切的支持就在你下方，讓你在更加放鬆並沉入身下的大地時托住你。

13. 現在，將三個深呼吸送入你的肚子，向它表達感謝。你的腹部是你安全感的守護者，也負責消化你的食物，也是你免疫系統的輔助。它容納著你美好的記憶，支持你內心對感情關係所抱持的希望與美好。它同時也容納著痛苦與掙扎的記憶，好讓你可以治癒。當你用氣息填滿你的腹部時，這樣告訴它：「我永遠都會傾聽。你永遠都會得到支持的。」在這裡大約呼吸十次。

14. 現在開始注意你的呼吸，引導它向下移動，並圍繞在你的心臟空間。每次吸氣時，你都把你的呼吸收集起來，並透過每次吐氣，把氣息送到你的心臟。在這裡停頓一下，往這個空間送入大約十到二十次呼吸，讓你對心臟持續為你跳動的狀態，產生一些感激之情。也許你聽到了它的節奏。當你繼續把呼吸引導到這個區域時，也許你可以試著想像心臟的模樣。你的心就是你的直覺中心，它也承載著心碎的痛苦，以及與他人產生連結的智慧和喜悅。當你呼吸時，看看你的心是不是準備好軟化下來了。每次呼吸時，請更加放鬆地進入你的心臟空間。

15. 現在，是時候連結到你的內在養育者社群了。再次想像你的呼吸同時存在於你的外在和內在。你的內在養育者也像你的呼吸一樣，存在於你的內在和外在。想想一個愛你和支持你的人，並專心邀請他們熱情、關懷的支持與你同在。當這種支持的存在從你體內散發出來時，與這種無條件的支持有的情緒也許會隨之出現，這都是很自然的。也許你會看到什麼畫面，又或許你會感覺到這種能量所帶來的溫暖。

16. 看看你能不能感覺到內在養育者正在看著你。他們正用愛的眼神關注著你，看著你所經歷的一切和你的掙扎。他們看著你的喜悅與痛苦，與你一起承擔一切。他們知道你多努力想要生存下去。他們現在正在讓你知道，你可以信任並放手，因為他們與你同在，你身下有著大地在支持你。開始感覺我們內、外在的支持總是共存的狀態，還有大地的養育之手永遠都用愛環抱著你。也許你可以讓「自己永遠不孤單」的概念在你心中找到一絲亮光。

17. 當你想到某個特定的內在養育者時，請練習吸入大地的支持和溫暖的感覺。你的內在養育者甚至可以是一隻寵物，或者是你記憶中感覺到自由和被支持的時候。當你在聚集能量時，吸氣，並把那種感覺傳遞到你的整個身體裡。你可以想像自己充滿了溫暖和支持的感覺，並讓它隨著每次吸氣和吐氣，在你的身體中循環。我們在這裡停留十次呼吸的時間，讓你練習這種支撐的感覺在整個身體中移動。讓自己敞開心扉，接受溫暖、滋養和關懷。你想要在這裡待多久都可以，只要單純地感受你的心臟空間就好。

18. 將你的手放在胸前，放在它覺得正確的地方，這樣也許會幫助你集中注意力。

當你覺得你已經到達目的地時，便開始傾聽心臟和胸口的感覺。你可以說：「你現在想和我分享什麼？」也許會出現某些情緒、記憶和感覺。盡你所能地接受它所提供的一切，並相信你內心的智慧。如果痛苦的回憶或感覺出現，請給你的小我安慰和保證。他們和你分享的是一份珍貴的禮物。

19. 當你覺得你的心已經完成了這一天的分享時，向你的心深呼吸幾次，問它還有什麼事想和小我分享，或者也許有專屬給你的訊息。花幾個呼吸的時間看看有什麼事發生。你甚至可能會感覺到一股耳語從你的心臟傳來，正在引導你。

20. 當我們準備完成這個冥想時，你可以擴張你的意識，把整個身體都包裹進去，向你的肌肉、腹部和心臟傳去三次深呼吸，同時感謝這個珍貴的智慧軀體。要花多久的時間都行，盡可能以這種友善的方式與自己同在，並對自己的態度表達感激。

21. 慢慢回到支撐的坐姿，然後取下眼罩，閉上眼睛，讓意識回到房間。

22. 花一點時間注意房間的細節，睜開眼睛，伸展身體，感受自己回到現實世界。

我們今天的旅程就完成了。

事後，你也許會想花一些時間寫寫日記或畫畫。這沒有特定的格式，只要讓你腦中出現的文字或圖像轉移到紙上都行。你也許也會覺得有點空虛，好像你需要一些安靜的時間，單純地與所有出現的情緒和想法共存。你想要花多少時間都行，請對自己溫柔一點。如果你的內在保護者敦促你做一些你並不認為自己需要的事情，只需要注意他們，並讓他們知道你可以自己應付。請不要太深入地分析這次的經驗，或者試著理解出現的情緒。讓一切順其自然，並繼續規律地練習這種冥想。在你的內在養育者不斷增長的支持下，你會得知越來越多小我的經歷，並會發現每一次的練習都不一樣。定期進行這種練習，會讓你釋放更多舊傷痛，並加深你與內在養育者的連結。

我想你已經開始意識到支持是這條康復道路上最重要的事了。我們每個人都擁有來自過去照顧過我們的人所內化成的內在資源、來自陪伴我們又值得信賴的人的外在資源，以及我們所謂的神聖資源（divine resources）——來自我們與充滿愛的宇宙的聯繫。這一切的資源結合起來，成為我們內在養育者社群的存在與聲音，並每天都在你的心中變得越來越強大。一兩個值得信賴的朋友、治療師和心靈導師或指導者，都可以不加批判地傾聽你的聲音，幫你的這項工作建立一個安全的基地。

透過受到支持的意感，小我就會讓潛意識的記憶湧現。滿足他們當時無法得到的需求，舊的創傷就會開始修復。以大腦的角度來說，你的杏仁核越來越受到中前額葉皮層的支持，因此產生了安全感和被照顧的感覺。我們可以這麼說，你的內在養育者既生活在你的心中，也活在你治癒時所產生的被束縛的感覺之中。以前，你的杏仁核總處於高度戒備狀態，預期每一次你都會被拋棄。現在，當你受到刺激時，你會發現你有更多的空間去思考、並讓自己平靜下來。最重要的是，當你繼續以這種方式治癒自己時，你便會重新組合小我對關係的期望。你會開始對關係可能的模樣產生不同的感覺，然後你的潛意識對於關係的信念也會發生轉變。隨著時間的推移，你會發現你對自己的價值，以及付出和接受愛的想法也開始產生變化。

透過傾聽你的身體，並用同理心為你的整個自我騰出空間，在此時此刻與你自己同在，是心靈的最佳良藥。你會從這裡開始，透過治癒過後的內在意識與世界建立連結，而不是讓外在經歷激起小我的創傷、並引導你的感受和行為。

從本質上講，進行這項工作，代表你對自己做出**內在的承諾**，這是對導致失去自我、共同依附和戀愛成癮的內在拋棄之感最好的解藥。儘管最後的結果就像是個奇蹟，但如果剛開始時，事情看起來好像變得更加不穩定了，請相信這是因為你正處於轉換期。在這些時刻，擁有其他人的支持是不可或缺的。你的內在養育者會從你自己的內在深處獲得力量，也會從內化他人深切、發自內心的照料和關注中獲得。你可能聽過別人將這種轉變過程稱為「靈魂的黑夜」，我自己也對這個階段非常熟悉。

過去我總認為「進行這項工作」，應該像是一個時髦的女人在白雪皚皚的山頂上冥想，像一尊寧靜的佛陀一般。我想像其他找到這條道路的人是又酷又帥又完美的綜合體。像是碧昂絲和茱莉亞·羅勃茲，又有一絲露比·羅斯那種前衛氣息。當你在社群軟體上看到這樣一個女人，散發著內心的平靜和自主權時，你也許會覺得自己永遠也不會像她那樣冷靜和輕鬆自信的。但是這個女人就是你。在光鮮亮麗的濾鏡背後，每個人都曾有過感覺一切都崩壞，以及痛苦和艱難的時候。只有誠實地看向你的內心，才能找到我們自己個人力量的體現，而你知道這永遠不會只有光明和愛的。這是沒有人願意分享的部分，但這也沒關係。你挖掘自己內心的未知領域時，這混亂而不舒服的過程，也不是為了展獻給大家看或是供大家評論的。這種深層的個人工作只能在內心感受，並與你選擇的那些充滿愛、且值得信賴的人分享。

當我第一次開始審視自己共同依附和戀愛成癮的問題時，我經歷了一段憂鬱期。我知道我不能再試圖躲在交往關係中，因此我不得不正視我被拋棄的問題。我一生都在逃避與自己相處，儘管這樣很痛苦，但我知道我必須花一些時間與我的內心世界和它所囊括的一切相處。當我深深地感受到我小時候經歷的孤獨感時，我的心感到無比沉重，而我也讓我的治療師陪著我，支持我感受內心的沉重和壓力。在我努力對抗對自己不值得被愛的恐懼和覺得自己不夠好的羞恥感時，我就是不斷地對自己做出承諾。在這段時間裡，我經常對自己重複「我愛你」。一開始，這感覺真的很糟糕，好像我知道這些都只是不真實的空話，但隨著時間的推移，我開始能夠相信這句話，並感受到我話中的溫暖在我的能量系統中循環。我開始覺得我的心敞開了，最後，向內心探索的感覺變得很不可思議。我也不再努力尋找讓我變得完整的「真命天子」，而是專心與那些在我生命中最願意陪伴、最有時間、最照顧我的人建立連結。請記住，這一切都需要時間、需要練習，也是勉強不來的，所以請善待自己。如果你碰到了什麼障礙，要知道這是完全正常的，你只要對自己保持忠誠就好。治癒核心創傷，就像在為整個房子重新配電時去參加馬拉松比賽一樣。這樣的工作量很大，而在整個過程的每個階段中，你都值得擁有其他人的支持。

相信我：總有一天，你會終於接受你的整個自我。直到今天，我都還記得，我終於意識到我不再想成為別人了。在那一刻，我不再認為其他人的生活是最完美的，並能夠看清，我們其實都在盡最大努力去愛人和被愛。就在這時，我開始完全接受自己的存在，並把這視為我成長和成熟最獨特的機會，並且無論如何都在這個過程中為自己保留空間。在這條道路上，其他人的陪伴使我的過程變得無比富足，我也盡了自己的一份力量，全心全意地要讓自己變得更像真實的我。

每個拿起這本書的人，在這個獨特的過程中，都處於不同的階段。你一生中經歷的痛苦和創傷越多，這個過程可能就越難，但如果剛開始時你覺得它沒有什麼用，請不要氣餒。或者，如果你感到灰心，也許你可以感覺到我與你同在，就像一個安慰的存在。如果你現在坐在我的辦公室裡，我會看著你的眼睛、告訴你：「你得到的支持比你想像的更多，而且你並不孤單。」所以請繼續努力、繼續信任，並繼續對自己做出承諾。

第三部分：用完整的自己去愛

第七章　界線的美好之處

當你獲得治癒時，你會發現自己獲得了可以建立健康的界線的能力。這既不是一道堅固的牆，也不是一扇敞開的大門。這些界線是出自於人與人之間的相互尊重，也是為了守護這種尊重，並顯示出每個人的需求都很重要。對於我們這些焦慮型依附的人來說，這也許是一種嶄新的體驗。由於童年時的狀況，我們以犧牲自己為代價，對他人的需求產生了一種美好的敏感度。我們的父母無法幫助我們定義出清晰的自我意識，因為他們需要我們專注在他們身上，好照顧他們受傷的小我。這不是任何人的錯，因為我們的父母可能也沒有得到他們所需要的東西，但這樣帶來的結果，就是這種將他人放在首位的模式，在我們心中已經根深蒂固。

定下更好的界限，並不是要你關閉愛與被愛的能力。這並不代表對人做出威脅和最後通牒，或在某個人第一次讓你不高興時，就反射性地決定與他分手。相反地，這是要幫助我們加倍地治癒自己，好變得更加自給自足，以至於對失去關係的恐懼，也不會阻止你繼續探索如何去平衡他人與你的需求。事實是，**為了擁有健康的「我們」，你必須首先建立一個明確的「自己」**。此外，為了培養出明確的「自己」，你就需要與那些擁有健康的「自己」的人交往，讓你體驗成為充滿關照的「我們」的一份子是什麼感覺。這是最好的共同調節！隨著你一直將值得信賴的人吸引到你的治療圈子中，而你與內在養育者的關係又逐漸加強，你會有更多的機會，來探索富有彈性的界限會如何滿足雙方的需求，並使關係變得更加安全。

發展內在界線

我們每個人都有兩種界線——內在與外在的。這不僅僅是用來決定我們要容忍什麼、不要容忍什麼，然後再讓我們的伴侶知道而已。這些都是外部的界限，是來自於我們逐漸意識到我們接受和不接受哪些事，也是我們正在進行的深度治療工作的結果之一。

那麼內在的界線是如何發展的呢？我們早年的時候一直在尋找父母和其他照顧者的反應，用以反映我們內在所發生的事情。如果我感到生氣，而我的母親說：「喔，親愛的，你現在看起來真的很生氣。」我會覺得自己的真實面受被關注和接納了。我了解到我的需求是合理的，而且我能夠相信我知道自己需要什麼。這就是內在界線需要的堅固基礎。但是，如果我的父母對我的憤怒感到不安、並轉身離開，我就會開始覺得這種感覺有問題。我與最親近的人產生連結的需求，比我需要了解自己的需求還要強烈得多，因此，如果這種情況反覆發生，我就會認為這種感覺很「糟糕」，因為它會破壞我與最重要的人的連結。我也會開始更仔細地觀察，他們是不是覺得我讓他們不開心了，然後我會竭盡所能地安撫他們，好讓他們與我保持連結。我並不相信我知道自己需要什麼，反而是建立了一種深層的模式，為了維持這段關係而放棄自己，也因此我完全沒有健康的界限意識。

就其他孩子而言，他們的父母可能已經能夠處理他們的大部分情緒，但有一些情緒還是碰不得的。例如，如果一位媽媽通常充滿愛心和細心，但她卻不能容忍她的寶寶翻身休息，因為她自己身上也有被拋棄的創傷，而她會試圖強迫孩子重新與她建立連結。寶寶學到的是，她不能休息，否則她就會失去與媽媽的連結。也許你可以想像這孩子長大成年後會是什麼樣子了；她對自己的大部分感受都感到很自在，但卻有一種根深蒂固的模式，告訴她必須在她的關係中隨時待命，即使她筋疲力盡，即使她的伴侶非常願意在她需要時為她提供空間也一樣。她可能會說：「不，我現在不想喝啤酒。」但卻說不出口：「我今晚真的不想去打迷你高爾夫球。」就算她再累也不行。我們大多數人都在某些領域的界線上掙扎，又在某些領域上清楚地知道我們的需求並可以挺身而出。

如果你能坐下來，好好看看上面這幾段文字，你是不是開始意識到在你小時候，哪些情緒得到照顧者精準而小心地回應了，而哪些又受到不贊成或拒絕？當你得到充滿愛的認可時，你的身體有什麼感覺？當你認為某種情緒是不被接受的，你又有什麼感覺？

這裡還有另一個流程在運作。與我們的父母相處時，我們需要有一個清晰的意識，那就是我們和他們是分開的。例如，每當我們在哭泣，而有人注意到並回應我們時，我們就會明白，我們的行為會對他人產生影響。在這個例子中，則是因為他們會來幫助我們。啊哈！如果他們沒有與我們適當切割，他們就會跟著在痛苦中哭泣了。然而，如果我們的主要照顧者明顯地感受到自己的痛苦，她不僅無法回應我們的需求，我們也許甚至會開始吸收她的感受和她的掙扎，就好像那些都是我們自己的一樣。因為她沒有意識到到母子是兩個獨立的個體，所以她也很難把自己視為一個獨立的成年人，並把自己與他人區分開來。這有可能會發生在朋友、工作夥伴、情人和我們自己的孩子身上。

除此之外，我們也會將早期照顧者的存在給內化。如果一切順利，這些充滿愛心、細心的人，便會成為我們內在養育者社群的第一批聲音。這會使我們能夠發展出與照顧者的身體分離的能力，又同時與他們保持情感連結，因為他們仍然是我們的一部分。但是，當然，我們也會內化引起焦慮的父母，所以即使我們不在他們身邊，他們在內心的存在，也會繼續引發我們的恐懼。

簡而言之，我們在孩提時期越覺得依賴是安全的，成年後我們就越有能力透過靈活的界限，形成健康的互相依賴，因為我們學會相信自己的需要和感受，並體驗到自己是一個與父母分開的、有價值的個體。同樣的道理，我們越不覺得我們可以依賴自己的照顧者，我們就越有可能在分離和連結中掙扎，因為當我們害怕失去關係時，我們失去了內在的界限，並會不斷把自己給出去。想要保持這種與他人深層連結的方法之一，就是被我們的愛人和他們的小我感受與需求所吞噬，就像我們在童年時和父母相處時那樣。

如果沒有對內在界線的意識，我們就無法擁有清晰而有彈性的外在界線。如果我們沒有形成安全的自我意識時，我們就會忍不住與我們的伴侶在情感上糾纏不清。這不是告訴人們健康的界線是什麼樣子就可以解決的，因為我們學到的模式太過深入、又太有強制力了。我經常看到我的客戶為了滿足他們伴侶的需要而放棄一切，就算只有一點點跡象顯示出他們的伴侶缺少了某些東西，或者就連對方都沒有意識到自己情緒低落的時候。在其他時候，他們不是努力減輕對方的痛苦，而是被捲入伴侶的情緒浪潮中。例如，當一位客戶的伴侶失去工作時，她便和他一起陷入了憂鬱症，就像她和母親一樣。若沒有經過治癒，這會是一個很難打破的循環，因為我們的小我根深蒂固地相信，這是維持連結的唯一途徑。他們認為，如果他們能把伴侶照顧好，他們就更有可能得到照顧。在更深的層次上，他們也體驗到，他們就算盡了自己最大的努力，也並不總是能把他們的照顧者留在身邊，所以他們總是準備好要加倍努力，做得比最好還要更好。這會令人筋疲力盡，高度焦慮也會持續存在。但如果沒有治癒，這樣的感覺也會比他們不再嘗試後所感到的被拋棄感，要來得好多了。

當然，我們可以、也應該對我們的伴侶抱有同理心，但這必須出自於足夠自給自足的內心，才能平衡空間和對我們自己需求的同理心。當這樣的做法得到我們的伴侶回報時，我們就有了建立關係的基礎，而這種關係可以幫助雙方，在走向充實、持久的親密關係的道路上，獲得治癒和成長。我要告訴你，透過努力實現自給自足，你便可以以一種充滿支持感與自由的方式，在你的關係中設下界線，又不必感到焦慮。

互相依賴，而不是獨立

這麼久沒有為自己設下界線後，當我們開始進行治癒的工作時，鐘擺很有可能會擺向相反的方向。我們越能意識到自己是獨立的個體，擁有自己的需求和願望時，我們或許會開始相信，想要變成強大而獨立的人、不需要任何人，就是我們的目標，也是究極安全感的來源。我們文化中的某些力量也許會支持這種說法。在我們習慣了要把自己的整個人都付出之後，這種獨立的生活方式或許感覺是個強大的生活方式，但貿然築起一道牆，其實也只是另一種形式的自我保護，而不是在邀請人進入永續的親密關係中。我們也許會認為：「嗯，現在我不會再受傷了，因為我不會再讓任何人靠近我。」很快地，我們就會注意到，我們其實和過去一樣孤單。我在說的這種界線，不是一道堅固的磚牆，而是更像一道會打開或關上的入口。

我們的目標，並不是要讓自己太擅長獨自一人、導致我們再也不需要任何人，而是與他人建立起健康且流動的關係。我們註定是要與人產生連結的，而雖然單身生活很有趣，最終，人們都還是要進入溫暖、充滿關愛的關係裡。根據某些可靠的研究，人類已經進化到會期待進入連結，而在無法產生連結時感到痛苦，就算我們不是有意識地感覺到孤獨所帶來的感受也是。所以，我們這些焦慮型依附的人，該如何在墜入愛河時保持自己不要溺水呢？毫不意外，答案就是投入時間在治癒之中。這其中美麗的悖論是，我們越有安全的自我意識，我們就能全心投入一段充滿愛的關係，而且不用擔心會失去自己。

這和共同依附是非常不同的狀態，在共同依附時，我們在關係中的感覺與行為是由恐懼所驅動，而不是信任。如果我們完全依賴伴侶來給我們安慰、穩定與愛的感覺，這樣的能量動態很快就會變得停滯而無法滿足。另一方面，互相依賴的感情關係，則會留出空間讓兩人都能以自己的方式成長與發展，又不會讓另一方覺得受到威脅。這是兩個情人之間長期與不斷深入的親密關係的基石。但這需要內在的安全感、信任，以及在兩人結合與分開的狀態中切換自如、又不會被入侵或拋棄的感覺所吞噬的能力。這也代表著兩人都要相信，就算他們的關係中出現不可避免的意見不合時，他們也能修復關係，而且還要相信這樣的修復會使關係變得更強韌。清楚的內在界線，能幫助我們意識到自己的需求，並且能夠自在地與伴侶表達，而我們也不會因為伴侶的需求和我們不一樣而感到威脅。我們可以討論這些需求要如何獲滿足，也能做出必要的妥協，而不會失去自我。另外，當我們各自為自己的情緒、行為與對感情的貢獻負起責任時，兩人就能獲得足夠的獨立自主性，並能安全地變得無比親密。

為什麼憤怒很重要

內在界線變得清晰的同時，我們也就能開始考慮我們的外在界線是什麼樣子了。在洞悉自己的內心之前，我們受傷的小我通常會無法對界線做出正確的反應，就算他們以為自己很懂也是。因為這感覺太有威脅性了。

我們要從其中一個界線開始，這是我們的社會認為不該碰觸的界線，尤其是女人——憤怒。我們要了解，所有的情緒都是信差，有重要的訊息要告訴我們和其他人。所以，憤怒所帶來的訊息是什麼呢？憤怒是我們的痛苦十分重要的溝通方式，並且常常會告訴我們哪一條界線被人跨越了，或是我們需要在哪裡設下界線。如果你真正探索過自己的憤怒，你通常會發現那背後隱藏的是疼痛或害怕的情緒。怒氣會喚起許多其他情緒，幫助我們意識到沒有被滿足的需求、恐懼與痛苦。

我們的脊椎中，都有某種大腦的迴路，就在我們的頸後、髮際線的正下方。如果我們試著與人連結，卻一次又一次失敗時，那個迴路就會被激發。如果一個在搖籃中的嬰兒被獨自遺留在自己的不悅之中，她會嗚咽、然後哭泣，然後再升級為臉紅脖子粗的怒氣。這是個健康的反應，在告訴我們：「你傷害到我了。你為什麼不來，你為什麼不來，你為什麼不來！」當我們成年後仍然這樣「哭喊」時，我們的伴侶可能只會聽見憤怒，並會警示他們的神經系統，告訴他們附近有危險，並使他們進入戰鬥或逃跑模式。但話說回來，用這種方式表達自己想要建立連結，也是完全正常的。

作為人類，我們最基礎、也最無時無刻都在提出的問題，就是：「你和我同在嗎？」當我們一次又一次得到否定的答案時，我們便會達到某種極限。這可以幫助我們理解，每一次怒氣爆發時，背後都是一次痛苦或恐懼的經驗。寶寶會透過嗚咽表達傷心，再藉由哭聲表達她擔心沒有人會出現的恐懼，並在沒有人出現時以憤怒表達她的徹底絕望。成年後，我們也許會以更成熟的語言表達我們的需求，但我們還是需要別人看見我們、正視我們的需求，並出面陪伴我們。在我們成年後的關係中，健康地表達憤怒，應該是要注意到我們內心的情緒正在升起，與我們的內在世界商討是什麼痛苦或恐懼在刺激這股憤怒，並平靜地讓伴侶知道我們的怒氣，以及這種痛苦或恐懼有什麼來由。這會為我們的經驗留出空間，又不會使伴侶被迫扛起我們情緒的責任。

自從我們出生為搖籃裡的嬰兒後，就發生了許多事。那些導致我們成為焦慮型依附的經驗，代表我們已經有了一大堆無處宣洩的痛苦與恐懼，所以伴侶一點雞毛蒜皮的小事，就有可能掀起海嘯般的怒火。但也不只是這樣。我們已經知道，我們這樣焦慮型的人通常也會深怕與人起衝突，相信我們一定要讓伴侶們開心順遂，才能被愛。我們相信任何一點不合（尤其是我們製造的）就代表了感情的結束。重點是，情緒不會因為我們無視它就消失。我們也許會因為自我批判而使情緒與我們為敵。而它們會躲入更深處，變得越發強烈，直到下次它們再度受到刺激時，就像是粗糙的手指戳到新鮮的傷口一樣。到那一刻，所有曾經被壓抑的怒氣便會變得暴力、充滿攻擊性，而且瀕臨爆炸邊緣。我們無法以成年人的方式平靜地討論我們被什麼事情惹怒，而是讓情緒傾瀉而出。我們也許會大發脾氣，並編造出許多故事，認為是他們讓我們產生這種感覺的。我們沒有設下界線，而是展開一場世界大戰。不需要責怪自己。因為我們小時候並沒有得到應得的照顧，幫助我們思索自己為什麼生氣的神經迴路從來就沒有發展起來，所以當我們的情緒變強烈時，就沒有東西可以阻止它們爆發了。我們現在身處的治癒之路，就會幫助我們治療這部分的自己，讓憤怒可以成為我們的夥伴，就算在我們最親密的關係裡也一樣。

小時候，看著身邊人們體驗與表達憤怒的方式，我們就學會了許多關於怒氣的事情。以下的問題，可以幫助你對自己處理衝突的方式產生一些理解：

- 你在童年的家中是如何處理衝突的？是公開表達還是隱藏？
- 表達憤怒對你來說安全嗎？你這樣做的時候發生了什麼？
- 你的父母和其他人是如何處理挫折的？
- 當人們表達他們的需求時，是不是也包含了憤怒？
- 你現在對憤怒有什麼感覺？你會批判這種情緒嗎？
- 你在說出來的過程中，得知了哪些訊息？
- 當你向你愛的人表達沮喪時，你的內心發生了什麼事？
- 當憤怒出現時，你會感到自在嗎？你通常會怎麼處理？

你能否看出，你與憤怒的關係就是這些強大而古老的學習所導致的結果？這就是改變你在發怒時的模式的第一步。當我們不處理這種自然的情緒、只是把它隱藏在心中時，它要不就是對我們造成阻撓，要不就是使我們陷入憂鬱——或者兩者皆是。我們給自己心靈的訊息，就是在告訴它，為自己的需求或願望站出來是沒有意義的，所以我們會封閉自己，並就此放棄。因此，我們的小我在感受到被拋棄、忽視或是誤會時，刺激杏仁核所產生的戰鬥或逃跑反應的「戰鬥部分」，就必須要受到重視與平等的對待。我們可以從認真看待小我針對感受和表達怒氣的創傷開始做起。

對我們許多人來說，小時候感受到怒氣是一件很可怕的事，因為表達憤怒就會帶來威脅。我們或許曾經被人責備、說我們是壞孩子，或是說我們必須好好說話、不然就休想。也許我們的照顧者甚至把我們關在房間裡，然後就走掉了。如果事情是這樣，我們會覺得表達憤怒是安全的行為嗎？那小我會害怕從伴侶那裡得到相同的反應，也就更不需要意外了，對吧？當我們開始詢問自己的怒氣，它究竟想要什麼時，我們就會開始發現，它其實只是我們生命中十分重要的一股動力，也是在感情關係中互動的寶貴盟友。

建立我們說出怒氣的能力，並發展出內在的平衡，使我們能夠以尊重的方式與其他人抱持不同意見與提出拒絕，代表適當表達憤怒也可以成為我們外在界線系統的其中一個層面。這或許會需要一段嘗試與錯誤的過程，代表我們是可以嘗試表達並犯錯的。但隨著時間過去，我們就會開始重視自己的怒氣，因為我們開始知道它是個強大的保護力量，並可以看見我們不再討好所有人、開始說出強硬的真相時，我們就建立出了一條界線，而這是照顧自己、並在感情中真正與伴侶平起平坐的重要部分。

與媽媽設下界線

讓我們來看看我的客戶莎夏是如何學會用健康的怒氣在關係中設立界線的。當她來找我時，她告訴我，她在人生的各個領域中，基本上都有設立界線的障礙。每次她只要和某人開始交往，就算只是交朋友，她也覺得好像要投入大量的心力。最主要的是，她通常會發現自己在想要拒絕時說「好」，但她也注意到，有時候一股「灼熱的厭惡感」會在心中堆積。她積極與人約會，但沒有一段感情可以撐過幾週的時間。她完全無法感覺自己的願望和需求，所以她就會融入背景之中，對方則會很快就對她失去興趣。她的其中一個男友甚至告訴她：「你總是對我百依百順。你從來都不會決定我們要做什麼。」她覺得好羞愧，但這句話雖然尖銳，卻是刺激她來找我尋求幫助的警鈴。

深入挖掘之後，我們終於知道，莎夏成長的過程中，在家裡扮演照顧者的角色。她是四個孩子中最年長的一個，並得扛起許多額外的責任。她必須負責維繫家裡的和平，因為太多的噪音或活動，都會使她的母親焦慮、並使她父親生氣。她學到的是：如果我可以保持安靜、做其他人想要我做的事，我就會被愛。當我們開始處理界線的問題時，我們便從媽媽的部分著手。她媽媽到現在還會每天打給她。她會在電話上先抱怨一陣子，而莎夏會積極地聆聽、試著幫忙，但她的身體卻會感受到兩件事情：她媽媽的感受、以及她自己的憤怒，而她總是會很快地把後者推到一邊。當我問莎夏：「你享受這些對話嗎？」她便告訴我：「不！」她說出這個字的時候，是我第一次看見她表露出這麼強烈的感覺。

我們聽著她的小我，莎夏便開始意識到，她沒有為自己的情緒體驗保留任何空間。她越來越清楚，焦慮的母親與自己的女兒沒有畫好清楚的界線，總是需要莎夏幫忙調節她的情緒。一陣子之後，莎夏的怒氣對她來說終於合理了許多，儘管當她想到要改變對媽媽這些日常電話的界線時，還是使她感覺很焦慮。我們探索了這件事可能的發展，才發現莎夏的爸爸也是其中的一環。如果她沒辦法安撫媽媽，爸爸就會崩潰，然後對所有人大吼大叫。我們召喚她的內在養育者，讓小我在我們身邊感到安全，使莎夏能夠開始探索界線，而不會使小我心中十分合理的恐懼，以難以承受的方式傾瀉而出。我們開始進行與媽媽對話的角色扮演。她解釋道：「我的第一個恐懼是，如果她沒有我可以發洩情緒的話，她會怎麼做？然後，如果她生我的氣的話怎麼辦？」我們開始看見，這些精確的恐懼，就是她在其他段感情中掙扎的根源。我們的練習中最有幫助的一部分，就是我們在為莎夏建立起與自己需求與願望連結的迴路，包括她正在經歷的所有情緒。她正在走向自給自足的狀態。

我們持續幫助小我處理他們恐懼的記憶，莎夏才意識到，就算她的媽媽真的生氣了，她的身體也沒有像先前一樣感到威脅了，儘管她的心跳還是會微微加速。我們跟著這個感覺，回到小我的經驗上，並再度給她安全的擁抱。在這次練習之後，莎夏才開始真正與媽媽建立起一些界線，並有辦法藉由她的內在養育者社群、並連結到這種全新的安全感，來使她的身體恢復到平靜的狀態。

這花了不少時間，而且一開始的時候，莎夏的媽媽可是一點都不高興。但莎夏堅持了下去，並在與媽媽說開、設下界線之後，終於體驗到自由。某一段時間，她對媽媽每天的過度分享感到憤怒不已，並強烈地向媽媽表示她不喜歡這種沒完沒了的抱怨，告訴她媽媽這對她的影響有多大。她告訴媽媽，請不要在午休時間打給她了，她會在有空聯絡的時候告訴她。這個強硬的宣言是她跨出的一大步。當莎夏掛掉這通電話時，她幾乎要扛不住自己強烈的焦慮。但她並沒有妥協並回撥給媽媽，而是與她的不安感共存，並容許它沉澱。對話中的這個「空窗」，正是健康界線的另一個例子，也是莎夏建立起自己的內在團隊來幫助她調節的結果。兩天後，莎夏的母親打來，表示她可以理解自己每天的抱怨對女兒造成多少傷害，並真心與她道了歉。莎夏幾乎不敢相信。在這個互動中，莎夏認知到，不需要立刻為了安撫自己的焦慮感而道歉、把自己設下的界線又挪開，或再度放棄自己的需求，這樣她依舊是安全的。

隨著時間過去，莎夏又開始約會了，並告訴我，她覺得自己更性感、也更有主權，她能夠清楚表達自己的想法。一點一滴，她意識到，她不僅可以表達自己的想法，這也會帶來更健康、更平衡的關係。她同時也發現，要求別人滿足他的需求，並不會奪走她為他人付出的能力。這只是幫助她吸引到願意用同樣方式尊重她的伴侶。

脆弱帶來親密

我們可以莎夏的故事中看出，雖然設立界線是為了自我保護，但這也使我們面臨了被拒絕的脆弱之處。焦慮型依附者深怕被拒絕，也難以對別人說「不」，或是說出任何覺得能會把伴侶趕走的需求。在擔心自己有可能會被拒絕時，要提出我們的要求是一件很恐怖的事，尤其是要求愛的時候。但要走向真正的親密，我們必須感受到對拒絕的恐懼，幫助小我治癒核心創傷，然後義無反顧地提出我們的要求。

給自己許可、把內心話說出來，這是需要練習的。隨著時間過去，這會幫助我們根據自己的特質，建立起一個界線系統。舉例來說，內向的人和外向的人界線通常不太一樣。因為內向的人花許多時間在自己的內心世界裡，他們可以時常反思怎樣的界線對他們來說是對的、是好的，但他們卻需要花一點時間來告訴自己的伴侶。外向的人則通常透過與他人的互動來發現自己的需求，所以他們或許會在事發當下設立出界線，並快速而直接地表達出來。把我們設立的界線與清楚知道自己是誰的概念對應在一起，這是一個持續不斷的過程。在治癒進行的同時，我們的界線也會不斷隨之變動，變得更加明確、也更能彈性地面對當下狀況。當我們內在沒那麼多事情需要保護時，我們就更有空間對親近的人表達內心真實的感受。

在這個過程中，我們也需要放下自己控制伴侶情緒的需求。如果我們有權產生自己的感受，那他們也有。我們一旦開始因為恐懼對方的回應而隱藏自己的真實自我，不只我們自己會走向拋棄的道路，我們也封閉了從對方身上學習、並一起成長的機會。在我們的治癒過程之中，我們可以感覺到自己害怕失去某人的感覺，與開始感受到清晰界線所帶來的喜悅，在互相拉扯。變得更自給自足之後，我們便可以開始感受到兩種界線的重要性——那些讓我們對自己的需求說「好」的界線，還有對別人的需求說「不」的界線。

如果我們在一段感情中，每次只要我們與對方意見不合、或提出需求時，對方就會封閉自己的話，這人永遠都不會有機會見到我們完整的自我。在健康的關係中，人們會允許對方提出要求並設下界線，並且會樂意聆聽這對對方造成什麼影響。這對兩人來說，都會是一個強大的成長迴圈。我們必須要先知道自己需要什麼，這是在治癒的過程中會逐漸出現的概念，我們也要了解，表達需求並不可恥、也不會帶來劇烈的危險。如果你發現自己無法設立界線，因為你害怕衝突或拒絕，這就是在邀請你與小我相處了。你可以用下一節中的練習，來學習如何用健康的方式設立界線。

為自己神聖的「不」發聲

第一步：暫停

因為我們想要讓身邊的人快樂，我們在面對他人的要求時，第一個反應通常都是「好」，就算這代表要把我們自己的需求推到一邊、並付出超過我們現實能給予的東西也一樣。我們需要為自己爭取一點時間，把事情想清楚，好讓我們能以更符合自己欲望與能力的方式回應。不管你心中湧起的第一個反應是什麼，如果你不太確定，就請說：「我不知道。我晚點再告訴你。」

第二步：與我們的內在世界對話

一但我們從當下情況抽離後，我們就可以與小我討論一下，怎樣的回應對我們是最有幫助的，包括對這段感情也是。我們可以閉上眼，拜訪在內在保護所中的小我。我們可以問他們想要什麼，或是有沒有什麼事讓他們不開心。我們可以呼喚內在養育者來幫助我們聆聽小我的聲音。這裡的第一步，是分辨小我說「好」或「不」時，是根據自己的需求，還是因為擔心對方的回應才這麼說。這麼做的話會讓小我開心嗎？他們滿足對方需求時，他們會覺得自己被拋棄了嗎？當他們開始擔心對方的反應時，我們可以告訴小我，等我們做好決定之後，再來應付這件事。

第三步：是「好」還是「不」？

我們花時間與小我對話之後，就會越來越容易得到發自內心的「好」或「不」。我們可以對這兩種回應做出嘗試，看看我們的肚子、肌肉和心會有什麼反應。哪一個反應會讓我們的肚子柔軟、心臟舒張、肌肉放鬆？有時候答案會立刻就變得清晰，有時候則不會。你需要多少時間都沒關係，因為這種傾聽的方式是你剛發展出來的新技能。你現在進入了一個新的境界，可以聆聽身體的智慧。你練習得越多，你就越能感覺到你神聖的「好」或「不好」所帶來的能量。

第四步：從感覺到神聖的「不」，轉變成執行

如果答案是「好」，要繼續下一步就很容易了。但如果答案是「不」，我們對於要對「不」採取行動這件事的感覺，可能會非常強烈。這不再是個假設性的回答，而是我們真正要進行的行為。我們可以回到小我與內在養育者身邊，一邊想像自己說出了「不」。我們可以讓他們知道，擔心其他人的反應、或是因為自己說「不」而產生罪惡感，都是正常的，並一起探索這些感覺背後的原因。也許小我會害怕自己被拋棄，也許內在保護者想要逼他們做些什麼，因為這樣才會「看起來比較好」。我們可以好好聽聽小我的想法。

第五步：清楚表明界線

當我們弄清楚自己真正想要表達什麼，而我們的身體對於這個要求的反應也十分平靜時，我們就可以準備回到那個情境下，並以平靜而成熟的聲音表達我們的界線。也許是「不」，也許是有條件或限制的「好」。由於我們做了許多內在工作，我們便比較不會照著恐懼所帶來的衝動來解釋自身的行為、或是為了我們的反應道歉。尊重

自己和我們的需求與界線，會幫助對方尊重我們所設下的界線。這也會增加你與對方之間的安全感與親密度。

從一道牆變成一扇門

設立界線有沒有可能為一段感情關上門、並扔掉唯一的鑰匙呢？有的，有時候兩人的需求太南轅北轍，使得親密關係變成了不可能的任務。我們會在下一節中更深入討論這一點。通常，就算是一條畫在地上的線，也會有一點點的彈性空間。舉例來說，如果你的伴侶無法不做某一件會惹怒你的事，比較自給自足的選項（與另一種界線）會是接受這個人原本的樣子，並決定要如何滿足你自己的需求，好讓兩人繼續前進。根據你們兩人各自的狀況，可能會帶來完全不同的結果。

例如，如果你的伴侶覺得週末有一天需要工作，但你們兩人已經講好週末是絕對不可以工作的時候，你也許會開始感到失望。這件事是不是碰到了小我的創傷，並使他回想起之前伴侶不遵守約定的事？如果你發現這是事實，你有沒有可能花點時間療癒小我，再來做出有可能會改變感情關係的決定？當你的小我覺得受到聆聽與關注後，你有沒有注意到自己的感覺逐漸放鬆下來，並且想到了分手以外的其他可能性？你需要做什麼妥協嗎？當你開始這樣想的時候，這通常是你的成人自我回到前線了。現在也許是時候與你的伴侶討論看看，你們對於這個僵局有什麼想法了。如果在週末工作仍然無可避免，那你可以決定，是不是要拿這個時間來做一些自己的事。我的其中一個客戶決定在伴侶忙著工作時，去唸創意寫作的碩士。這其中很大一部分是根據整體的感情狀態來判斷的。我的客戶覺得在這段感情中所獲得的滿足與照顧，遠比她過往的其他感情都要多得多。她的成人自我決定，以平衡的觀點來說，留在這段感情中是好事。沒有哪一段感情是完美的。我們會學會適應某些決定和行為，也會針對某些行為劃出更堅定的界線。

就和所有事情一樣，我們從自給自足的狀態所設下的界線也有光譜。有許多日常小方法，可以讓我們不定時檢視自己，看看我們有什麼需求，而不用向任何人提出要求，只是讓自己更確定我們的需要與喜好。有時候我們要為自己站出來、有時候我們要表現出脆弱，有時候我們也要要求別人來滿足我們的需求。我們可以讓自己脫離某個情境，直到我們有辦法說「好」或「不」為止。也有些時候，我們需要透過充滿尊重的怒氣來清楚表達自我。有時候我們需要請伴侶離開。在界線的光譜中最極端的狀況，會使一段感情變成牢籠的高牆，也許會升起。這些高牆也是來自於恐懼，不是害怕被拋棄，而是害怕被入侵或糾纏不清。我們的目標是自給自足，使我們可以感性又強壯，進而讓我們有空間在界線系統中放入一些彈性。讓我告訴你這是怎麼運作的。

想像你的身體、大腦、心臟和靈魂都在你家裡。當你把家裡打理好時，你在家就會感到很安全，你也會更有動力想要把它打理成你想要多花一點時間待著的地方。現在，想像你的能量系統是一道圍著房子的圍牆。它有一道門，能讓你決定誰能進出。當你見到一個新的人時，你也許不會立刻就邀請對方進入你家。你也許會先花一點時間認識對方。一但你和對方建立起一點信任之後，你也許會發出共進晚餐的邀請。最後，他們也許會有機會過夜。但這一切都是由時間累積而來的，你會越來越有經驗、也會越來越習慣讓某人進入你的生理、心理與靈魂的空間。同時，足夠的信任也會讓你對這人的來去感到放心。

這個比喻代表了一段互相依賴的感情自然的潮起潮落，這是我們邀請某人與我們共享自己私人空間後會逐漸發出來的狀態。也許你可以感受到，擁有足夠的距離、讓你能回到自己原本的樣子，並照顧你自己的內在空間，是一件多麼重要的事。在沒有界線的狀況下，這個新人也許會在你們第一次見面時就待得過久，並在隔天就把自己的一切都搬進你家，把你的走廊都塞滿，並使你的家充滿了噪音與雜物。

第二種情況，對於童年經歷導致他們不知道自己個人界線在哪裡的焦慮型人們而言，是非常常見的狀況。當這個情況與認為自己不值得被愛的恐懼混雜在一起時，他們也許就會讓任意一個人進門，因為他們擔心這個機會一但錯過就再也沒有了。光是有一個溫暖的人出現在他們家中，就已經使他們覺得沒那麼孤單了。有時候這也許會是另一種發展，他們一開始會太害怕讓任何人進入他們的家裡。但他們一讓某人進入並依附之後，他們就幾乎不會請對方離開了。這兩種狀況，都忽略了走向真正的親密關係的自然過程。這也顯示出，他們的小我太害怕被拋棄，使他們難以應對連結與分開之間的轉換，這是任何一段感情中非常自然及重要的一環。

若是如此，當有人進入你家時，你或許會感到非常快樂，使你再也不想讓這個人離開。內心深處，你害怕對方會走出大門、然後再也不回來了。現在你很樂意為對方妥協，只要他願意留下來就好，你會把冰箱裡所有的食物都換成他喜歡的，你會為對方收拾爛攤子，你甚至會為他重新佈置你的家。如果這樣行不通，而對方決定無論如何都要離開（就算只是去一旁的商店採購），你也許就會打包好行囊，並拋棄你自己的家，只為了要與對方一起走。如果你的童年創傷夠深的話，你也許甚至不會注意到你已經變得無家可歸，直到對方感覺到你的飢渴而離開的時候為止。

這其中最寶貴的教訓之一，就是我們越擅於保護自己的界線，我們越有能力尊重對方對空間的需求。如果我們剛認識一個人就邀請對方回家、並再也不讓對方離開，他一定會被嚇得半死，同樣的，如果對方拖著一個行李箱出現、宣布自己即將入住，我們也會感受到同等的壓力。當焦慮型依附的人決定，他們喜歡上的人就是真命天子，並開始用盡一切方法把對方留在身邊時，也許就會帶給別人同樣糟糕的感受。每個人都需要空間，而當你了解自己有這個需求後，你的伴侶就算有偶爾分別一下的需求，也不會讓你覺得那麼像是拋棄，而更像是健康的喘息，讓兩人重新補足與建立自我的意識。

如果這個「家」的比喻使你產生共鳴，你可以在學著傾聽身體感覺（也是你界線系統的一環）時，回頭再來思考。你什麼時候會覺得你的家被入侵了？你什麼時候會覺得讓別人進來是安全的？而你什麼時候會需要獨處時間來打掃、休息與重新開始？也許你甚至可以在這個家中創造出一個內在保護所，與你的小我和內在養育者對話，並把這些對話視為日常保養的一部分，能使你的內在世界每天都成為舒適的天堂。隨著時間過去，你會越來越懂得辨識自己讓什麼人進入這個空間，藉此來保護自己的家，透過練習，這會逐漸變成一種反射。

知道自己有哪些不可動搖的原則

雖然有彈性的界線是與伴侶發展穩定連結不可或缺的一環，知道自己在感情中有什麼不可改變的原則，也是同等重要的。我們也許會經歷過一些必要的行為（例如花費合理的嗜好）或是完全不可接受的行為（例如抽菸或劈腿），這其中卻還包含了宗教信仰、政治觀點、對不同議題的關注程度等等。辨識出自己的這些特質是很重要的。我們可以從明確拒絕肢體暴力與其他嚴重違背自主權的行為開始，但在那之外，事情就會變得因人而異。

列出清單會幫助你開始辨識出，哪些領域是完全不可妥協的，哪些領域是可能可以妥協的，還有完全不會起衝突的領域。在一張紙上寫下：「想都別想」、「也許」或是「沒錯！」然後開始在腦中出現的領域中，問你自己這個問題：

如果我的伴侶（做某件事、喜歡某樣東西、做出某個行為），我就沒辦法跟他在一起／我可以接受／我完全不會介意。

我的一個朋友和我一起做了這個練習，並發現她不可動搖的原則立刻就浮現了，而且她只不過是問了自己這個問題而已。不抽菸、不劈腿、不種族歧視、沒有小孩、沒有結過婚、一定要有靈性生活、不酗酒、一定想要生小孩。在過程中，她也發現了一些使她倍感喜悅的部分！擁有不同的靈性觀點、喜歡不同種類的音樂、喜歡旅行等等。這幫助她與自己內心的冒險家與探索者建立了連結。她也發現某些領域是可以妥協的，像是他們要住在哪裡、要有幾個小孩。儘管她有一些偏好，但沒有感覺那麼百分之百。

我們與小我進行的工作，會幫助我們與真正重要的事情建立連結。少了對真實自我的認知，我們就很難找到自己的原則，因此我們會走入一些痛苦得難以承受的關係中。同時，兩人都會在感情剛開始時表現出自己最好的一面，而變得越來越親密之後，我們才會看見以前不知道存在的面向。一但我們發現這一點，並對自己不可動搖的原則有清楚的概念後，對好的界線通常就是直接離開。我的客戶蕾貝卡，就是一個非常好的例子。

為自己最重要的原則挺身而出

蕾貝卡和麥可已經交往四年了。當她描述他們的感情關係時，她告訴我，對方一開始是個很貼心的人，但現在他平日幾乎都很忙，星期六和朋友們打完網球後，又會把接下來一整天的時間都用來喝酒。因此她只有週日能見到他，而且只能在他對付自己的宿醉時想辦法獲取他的注意力。蕾貝卡曾經進入過幾段糟糕的感情，她表示麥可並不掌控、也沒有對她暴力相向，但他同樣也沒有展露出任何想要讓感情更進一步的跡象。她覺得自己總是被排在清單上的最後一位，而他的行為似乎證明了這一點。

與此同時，蕾貝卡非常想要建立一個家庭，並與某個有同樣共識的人共創未來。他們在關係一開始時也討論過這個話題，麥可表示過，這也是他的夢想。她和麥可一起住在她的公寓裡，而她負擔著所有的家務事。隨著時間過去，憤怒開始堆積，但還沒有到使她想要離開的地步，直到有一天他說：「我覺得我可能永遠都不會想要有小孩。如果我們努力工作、繼續住在這間公寓裡，我們就可以提早退休，輕鬆過日子了。」她的血液開始沸騰，也覺得自己的夢想破滅了。她知道自己該採取某些行動。

與自己的小我和強壯的內在養育者社群（其中有著她慈愛的祖母）有更多連結之後，蕾貝卡開始意識到，麥可其實已經表現出真實的白我很長一段時間了。他也許說過自己有著和她一樣的夢想，但他的行為從來就對應不上。而蕾貝卡自己則忽視了所有的徵兆，只是出自於害怕寂寞和必須要重新來過的恐懼，專注在「也許可能」的未來上。隨著我們繼續深入進行治癒工作，她更能意識到自己深深受傷、而且被人誤解了，並決定要把自己的需求擺到第一位。

她知道自己有可能會因此失去他，但蕾貝卡仍然鼓起勇氣告訴麥可自己的需求。儘管這個想法帶來不少焦慮，但她召喚了她的內在團隊來陪伴她踏出這勇敢的一步。她提醒小我，她值得一個和她擁有相同夢想的伴侶。最後，她鼓起勇氣，告訴麥可，如果他真的不想要建立家庭，那他們就必須要分手了。

他很堅持不想要小孩，而蕾貝卡很快就離開了那段關係。蕾貝卡和我分享這個經驗所帶來的影響。除了向朋友尋求支持之外，她告訴我，她也靠著內在養育者和她養的小狗，想辦法度過了夜晚有時會突然襲來的孤寂感，她的內在養育者社群也能安撫驚嚇的小我，提醒她和麥可的那段感情，永遠也不可能帶來她想要的未來。因為她擁有自己需要的支持，她便有辦法走過這段分別的時間，而且甚至帶來了治癒的效果。

蕾貝卡的故事就是個完美的例子，告訴我們要從自給自足的角度，設下堅定的界線。這同樣也顯示，終結一段感情並不代表就是孤單。蕾貝卡知道她需要可靠的朋友、治療師和寵物狗來幫助她走過分手後的變動期，並不是要治療她的寂寞感，而是要提醒她自己值得健康而穩固的關係。毛小孩也是這時候的完美夥伴，牠們會給你無條件地愛，這是我在離婚後學著自給自足時，開始珍視的事物。我的小狗提多（願他安息）總是陪伴在我身邊，這又是一個外在的提醒，告訴我安全型依附是什麼感覺。他使我做好準備，有一天能與另一個人類展開一段安全的關係。

最終的界線：學會放手

蕾貝卡從她和麥可的關係中學會的另一個重要功課，就是放手的可能性。當我們把與他人的連結視為生理上的必需品時，「放手」對大部分的人來說就會很困難，而對焦慮型依附的我們來說，有了童年創傷經驗，這簡直是火上澆油。在蕾貝卡的例子中，她緊抓著自己幻想中的麥可整整四年。但因為害怕寂寞、或是因為我們相信自己再也找不到更好的對象，而停留在一段感情關係裡，反而會阻擋我們真正需要且應得的愛與關係。

有時候，像蕾貝卡這樣提出分手，是真正放手唯一的第一步。如果一部分的我們仍然心繫著那段感情的幻想，或者我們「容許火焰繼續燃燒」、繼續與對方保持聯絡，因為我們覺得完全關上那道門的話會太痛苦，這個人就會繼續待在我們的能量場中，把我們往下拖，阻止我們完全放下。這也會使我們更加脆弱，必須要面對藕斷絲連的前任，他們不斷「吸」著我們，想要重新回到我們的生活中、與我們重新產生連結。唯一能夠阻止這件事的方式，就是一口氣放開任何舊有的依附，代表著我們要好好哀悼死去的夢想，一邊設下界線，阻止對方聯絡。

不只是小我會感覺到放手的痛苦，在感情中投入全心全力的成人自我也會。隨之而來的是心碎的眼淚、否認、討價還價，還有憤怒，這些都是悲傷過程的一部分。擁有某個人、或是某幾個人能夠在我們被這些情緒衝擊時陪伴著我們，會給我們足夠的安全感，好好完成這一切。這樣的悲傷過程會洗刷我們的全人——身體、大腦、心臟與靈魂。我們不該強抓著那段感情的碎片不放，以此來阻擋我們的情緒，走進這個哀悼的過程中，反而會帶來更多的治癒。與它共存，反而能給我們自由，使我們能繼續用寬闊而敞開的心繼續深愛他人。

許多時候，為一段感情的結束哀悼需要不少時間，而且是一層一層發生的。我們這些焦慮型依附的人似乎會走得比較慢，因為我們的依附太深刻，而轉變回孤身一人會是一個很可怕的經歷。因此對我們而言，依靠一個正面的外在力量來開始這個過程就更顯得重要了。依靠朋友和家人的傾聽，我們可以緩緩剝去那一層又一層的哀傷，一邊用他人給予我們的愛與支持來填滿那些空缺。作家兼精神治療師蘇珊．強森博士在她的書《抱緊我》（*Hold Me Tight*）中指出：「痛苦是必然的；但獨自受苦卻會無法忍受。」

我時常聽到別人說：「那段關係真的不太好，但我還是很想他。」不管一段關係的品質如何，失去終究是失去。這對小我來說，或許是非常熟悉的體驗，所以內心的小孩想要抓住那些美好的時光，也是無可厚非的。外在的支持與內在養育者親切的陪伴，能幫助我們記得，那些失去的感覺很真實，但它們會過去的。我們在哀悼一段感情的逝去時，早期被拋棄與孤獨的感覺就會浮出表面。我們理解這一點後，就能對自己保有同理心，並緩緩地走過這段放手的歷程。這甚至可以帶來更深層的治癒，讓我們準備好迎接未來更健康的伴侶關係。

靠著支持走出來後，我們便會發現自己更能對連結保持開放，也能比較適應分別。我們會更清楚知道自己需要什麼，也會知道提出要求是沒關係的。我們比較不會想要去掌控他人，也更能調整自己的行為，好更加照顧自己。整體而言，這代表我們更尊重自己在感情中不可變動的原則，當一條堅定的界線被人跨越時，也願意完全放手。

說到底，這是我們唯一為自己的成長留出空間的方法，也是唯一與能夠提供我們健康與滿足的依附的人加深連結的方式。你還在質疑自己有沒有可能走到這裡嗎？就如你即將發現的那樣，我們一起做的這一切工作，都是在使你做好準備，建立起你想要在感情中獲得的安全與穩定感。在下一章，我們會探索一種全新的愛與被愛的方式，也就是我們能為一段感情帶來些什麼，而不是尋找一個伴侶來成全我們。

第八章 愛與被愛的新方法

沒有所謂的「完美」感情，因為世界上沒有「完美」的人類。我們都有各自的傷痕，每個人也都有表達和補償這些傷害的獨特方式，而我們與另一個人的感情關係，通常都是這些創傷受到激發的場合。我們在這本書裡所做的工作，也就是走向自給自足的工作，是在透過與內在養育者建立起強大的關係治療童年的創傷。我們內在的這些聲音，都是人生中愛著我們也支持我們的人內化後的存在。當我們談到自我養育時，這就是在我們內心所發生的事。建立好這些這些內在關係後，我們便開始治療核心創傷，並重塑我們的安全神經迴路。我和你跟著這本書一起前進時建立起的關係，也是這趟過程中的一環。我想讓你知道，這種持續的陪伴永遠都會在你身邊。

讓我們暫停一下，並想想我們的大腦是多麼可愛的存在，它可以重新產生連結，使我們在關係裡感到更穩定、也更安全，不管我們的年紀有多大了，也不管我們的早期創傷有多深刻。在這段過程中，我們的自律神經系統受到了安撫，所以當我們感到焦慮時，它就能更容易平靜下來。我們的反應也會慢下來，所以我們可以容納起伏較大的情緒，卻又不會對人發飆、或是抓著某人來修復我們。我們更有辦法連結到自己的需求與願望，也能在進入一段感情時，平衡我們與伴侶各自的需求。我們產生同理心的能力正在擴張，所以我們的伴侶會覺得受到重視與理解。基於以上的一切，我們的親密關係便終於成了一個可以讓我們一起治癒與成長的環境，而不只是用來撫平我們不止不休的焦慮。這個工作是持續不斷的。我們會在現在與未來的感情關係中，練習用不同方式與人產生連結。雖然我無法保證你一定會找到小時候就被灌輸的幸福快樂結局，但你會發現，在這個內在工作的過程中，你已經經歷到了一種全新的愛與被愛的方式。這會對你談感情的方式和你吸引到的伴侶類型，產生極大的影響。

當你持續受到支持你的人重視且珍惜，你的自我價值也會成長。你會自然而然地開始與那些重視你的人（包括朋友與同事）產生一樣的看法。你會不再那麼下意識地尋找無法陪伴你的伴侶，尤其那些人的行為似乎都在證明一個錯誤的概念，那就是你天生就不值得被愛。如果你正身處一段這樣的感情，你內在正在發生的改變，也會以意料之外的方式影響到你的伴侶。如同我們所見，其中一方成長茁壯、並產生了強壯的自我意識，並不一定會為另一方帶來同樣的改變。我們更願意接受親密關係的態度，也許會嚇到因為創傷而成為逃避型依附的伴侶。我們對於這種逃避反應所產生的憐憫越發強烈，也許會使我們的伴侶更願意去尋求自己的治癒之旅。又或者，對方的創傷實在太深，而這段關係將會走到終點。如果你的感情繼續堅持下去，也不代表接下來就不會再有任何衝突。一段關係中的衝突是不可避免的，而走向自給自足的道路，也代表著投入這些自然的「不和」之中。這會加深我們對彼此需求的意識，我們可以把這當成成長的一個機會。每一次衝突後的修復，事實上都會強化我們與對方的連結。

你為自己的情緒化反應按下暫停的能力，是在關係中的強大盟友，因為這會讓你有時間討論你的內在發生了什麼事，這樣更能幫助你的需求獲得滿足，而不是透過憤怒或責備的反應來火上澆油。隨著治癒變得更深刻，我們也會對小我的弱點更加敏感，也更願意傾聽伴侶心中同樣的弱點。不管我們做了多少治癒，當我們展開這場美麗的互相依賴之舞時，我們的感情關係總會帶來更多以前沒有注意到的部分。我們不會再把自己的困境都怪罪到伴侶身上，而是為自己藏在焦慮型依附系統中某個角落的痛苦與恐懼負起責任。我們一起進行的這些工作，帶領著你走到這裡。在這一章中，我們將要把你所學會的一切（更重要的，還有你所經歷到的一切）運用在你與其他人產生關係的方式中，不論你現在的感情狀態為何都行。

當熱戀期結束時

作為伴侶治療師，我真的很不喜歡文化中過度放大浪漫之愛的方法，為愛情設下了許多期待，好像一段關係就是該永遠充滿激情，但這根本不是事實。在現實中，一段關係只有在充滿了多巴胺的熱戀期結束之後才開始，當一切的粉紅泡泡都被戳破，而我們開始看見伴侶本來的樣貌、他們的缺點等等的時候。這個階段開始的方式對每一對情侶來說都不一樣，但還是有一些標誌可以參考。這是加深彼此認識的時刻，兩方都開始展現出自己更多的面向。雙方的小我都可能受到這種行為的刺激。一個逃避型的人也許會在感情中微微退縮，並花更多時間在工作上。這也許就會刺激到焦慮的小我害怕被拋棄的那個部分，促使童年時期的創傷再現，它或許一直都隱藏在暗處，直到現在才浮現出來。其他模式也許也會出現。兩個逃避型的人也許會開始回到他們各自的生活，而且搞不懂他們一開始的熱情去哪裡了，兩人成了平行線，而不是互相依賴。兩個焦慮型的人也許會繼續黏著彼此，因此促成戲劇化的衝突。但當其中一方或雙方都有辦法達到安全型依附時，這便會是充滿發現的富足階段，而充滿創意的承諾也許會浮現，成為一段真正飽滿且互相依賴的伴侶關係的基石。

不論如何，這個階段都會帶來挑戰。當我們發現自己完美的情人同時也十分霸道或愛發牢騷、或者很頑固，或堅持一定要煮一些我們無法忍受的料理時，這是很可怕的一件事。而當我們開始害怕時，我們最常見的其中一個反應也許就是生氣。現在我們或許會覺得自己被困在一個較量之中，雙方正在這段關係中協調自己的需求。其中一方也許會說他一週需要有一個晚上和朋友出去。另一個人也許會堅持晚餐配紅酒對她來說很重要。大大小小的事情都會無可避免地帶來一系列的要求，也就是所謂的妥協。當這些需求擊中某人的要害或對方不可動搖的原則時，也許就會產生意見分歧，並帶來爭執與衝突。此時，一段感情也許會感覺像是「工作」，而我們也許會發現自己開始質疑這到底值不值得。

這很正常，也是在感情中訂定界線的健康過程。同時，我們也在學習伴侶真正的模樣，而這絕對有機會加深我們與伴侶的連結。當一對情侶說他們「從來不吵架」時，我總是懷疑只有其中一方在大幅度地妥協（也就是沒有自我）。在光譜的另外一個極端，也許兩人會總是吵個不停，因為他們不可變動的原則實在太不適合，導致兩人不斷忽視對方的基本需求。到這個地步，最自給自足的做法，也許就是結束這段關係。但當兩人發現他們在最重要的領域中其實合得來，也願意不斷溝通並尋求共識，並對彼此的需求都有基本尊重，又在「愛情之藥」失效時仍然想要繼續投身在感情中，那麼他們將會走上一條非常特別的道路。

我看過熱戀期持續幾天、幾週、幾個月、甚至好幾年。當化學反應減弱時，兩人都該決定這段感情中的好事是不是夠多，使你們願意一窺它的陰暗面。此時，兩個問題也許會浮現：這段感情有辦法滿足我的需求，加深我們的連結嗎？這個人也有興趣，想讓我們的感情變成一個兩人都能成長的環境嗎？我們需要一點時間才能回答這兩個問題，但透過耐心與願意展現脆弱和溝通艱難話題的心，清晰的答案就會出現了。我們也許會注意到，這一切似乎都不符合我們對完美感情的幻想。打開交友軟體，找到一個人來進入下一段「熱戀期」，這實在太容易了，所以有很多人到這個階段就會放棄。但如果我們在關係變得困難時就退縮，我們便是喪失了大幅個人成長的機會，那是會影響我們所有關係的好機緣，包括我們與朋友、家人和同事的關係，甚至與我們受傷的小我的關係也是。

由於現在社會對愛都有不切實際的期待，處理衝突便一直都會是個大挑戰。對我們這些焦慮型依附的人來說，衝突的一點跡象都會使我們落入過往的老模式中，使我們失去自我、變成共同依附。當過往的拋棄創傷再度受到激發時，我們也許會提出要求、或是發脾氣，以得到我們所渴望的愛與關注。意識到我們不再與伴侶完美同步，而這個人曾經讓我們覺得備受關注、並能完美調節我們的需求時，我們的小我甚至會覺得被背叛了。這是一個很重要的時刻，我們得暫停一下，去尋求支持我們的人的幫助，並回頭去進行第五章和第六章的練習，以免這段感情變成無窮無境的辯論，爭執誰才是「壞人」，是自私的自戀狂，還是黏人的小孩。當我們陷入自己的創傷詞，我們更容易用非黑即白的方式看事情，但當小我再次與內在養育者產生連結時，我們的系統便會冷靜下來，而我們會發現，事情的發展並不是任何人的錯。我們會開始意識到，我們感覺到的痛苦與恐懼，並不完全是伴侶所引起的；對方更有可能只是踩到了我們心中深埋的地雷，卻根本不知道那裡埋藏著一個傷口。

一但我們建立好內在的方向感，我們也會更容易想起，這些衝突其實正是打造健康而安全的依附時自然的過程。我們每個人都很容易犯錯，就算是在自己最好的時候也一樣啊！研究指出，擁有良好依附關係的母親與嬰兒，也有超過一半的互動是不同步的，而重要的是，他們可以修復這些失調的時刻，並重新產生連結。我們的照顧者通常會盡可能地與我們的需求進行調節，而當他們因為某些原因而失敗時，也會像我們展示出想要修復我們的不快的意圖，而這是發展安全依附時無比重要的一步。在實際操作的時候，這看起來應該會像是他們意識到我們的不愉快，詢問我們發生什麼事，並肯定我們的感受。這看似簡單的互動會告訴我們的神經系統，對方不是有意傷害或拋棄我們的，而最終，我們的需求會有得到滿足的機會。修復的過程中，有很大一部分只是單純地感受到被重視和聆聽，儘管我們還沒有真正解決原本的問題。

穩定而長期的關係是建立在互相尊重、公開透明、展現出脆弱與謙遜，還有深切聆聽伴侶的能力上。這些特質會創造一股安全感，是修復衝突時不可或缺的部分。我們不是指責對方，而是認同每個人都有非常不同的需求，在某些領域中也會有不同的觀點，而且這樣沒有關係。每個人也都有過往，才會使他在壓力下做出這樣的反應。當我們更熟悉自己的創傷是怎麼形塑我們的反應時，我們也會對伴侶內心的過程產生好奇，尤其是當對方的反應像是在自我捍衛的時候。每個人，包括我們，在害怕和需要保護自己的時候，都會做出苛薄或指責的行為。當這些回應得到的是好奇而不是批判或反擊時，這也許是個大好機會，可以讓對方有足夠的安全感，願意誠實地討論剛才發生的事。最終，解決事情的方式，是藉由尊重對方的情緒、並給予雙方分享的許可而生的，同時對討論出來的結果抱持開放且好奇的心態。我們已經在內在社群中，以及不像戀愛關係的風險這麼高的其他外在關係中，練習過這一點。所以現在是時候伸出手，向伴侶提供這些禮物了。

在你持續治癒的過程中，你更有可能會吸引到有能力建立安全依附的伴侶。但你過去的焦慮傾向並不會完全消失，也會持續出現在安全的感情中，最大的差別是，你現在有能力看見發生了什麼事，也能用不一樣的角度來處理這些事。但任何一段感情想要長久維持下去，你們兩人都需要在事情發生時，願意更深入地探討。這就是讓一段感情就算不完美也很安全的重點。當兩人都對真正認識（並深愛）對方的工作有實際的認知時，你的「毛病」浮現，便會成為一個加深親密關係的機會。這代表著你有能力意識到你的舊模式正在受到激發。這代表著不那麼頻繁地做出反應，而是一起按下暫停，讓兩人能花時間傾聽雙方內心真正發生的事。Imago關係治療的共同創辦人哈維爾．亨德利克（Harville Hendrix）把這稱之為「有意識的伴侶關係」（conscious partnership）。熱戀期也許結束了，但你們的愛會變得更深刻、也更滿足，那是在剛開始的浪漫吸引中從未體驗過的。你們兩人的內心有越多部分受到照料，安全感就會變得更深，並帶出更多的脆弱面與親密。你們會每天都變得更加親近。

所以，誰說的才是事實？

這種感覺並不是一開始就會出現的。你聽了也許不會訝異，來找我諮商的情侶中，有百分之九十九的人都已經準備要開第三次世界大戰了。他們常常覺得自己像是在對一面磚牆說話，並想要我讓他們的伴侶看清「現在真正發生的事」。但感情關係中的治癒並不是透過證明自己的觀點而來的。事實上，正好相反。我們不該專注在贏得爭執並讓對方以我們的角度看事情，而是要記得，我們是同舟共濟的隊友，而我們各自的觀點，從我們的角度來說都是合理的。當我們的情緒正在高點時，我們甚至連自己說過什麼話都很難記得。

我通常會用我的手機來描繪這一切。我讓情侶們面對面地坐下，並把我的手機舉在他們兩人中間。其中一人看著前螢幕，桌布通常是我的狗，另一個人則看著手機的背面，也就是相機鏡頭和手機殼。然後我會問他們，我的手機是什麼樣子。當然，他們每個人給出的描述都非常不同，儘管他們講的是同一樣東西。然後我們會停下來，讓我解釋這就是所有情侶被困住的地方，他們會不斷爭執誰看見和感覺到的事情才是事實，但現實是，從不同的角度來看，一件事總是有非常多的面向。

我會告訴他們，當我們停止證明自己的觀點才是正確的，並對對方看事情的角度感到好奇時，同理心才會產生。通常，我會請他們放下自己對我手機的看法，並開始想像對方的眼中看到的手機是什麼樣子。同一支手機，不同的角度。在這個情境中，沒有人是錯的，也不需要爭辯。這個簡單的練習能幫助情侶理解，與其試著決定事實的真相是什麼，還不如尊重對方的體驗對他們來說是真實的。下一步，便是要下定決心去發現，在我們的意見不合中，是哪一種濾鏡在發揮作用。首先，我們要先處理各自的小我，代表著與各自的核心創傷產生連結。同時，這也有可能代表要檢視，有哪些強而有力的文化訊息塑造了我們。當情侶雙方都可以分享各自童年時期與他人的關係時，不管是與自己的家庭成員、或者是社會使他們產生了怎樣的期待，負責傾聽的那一方，也許都會自然對對方的痛苦與恐懼產生同情，那是塑造出對方現在最自然的反應的源頭。透過練習，當衝突發生時，批判與爭執便會被坦承與同理心所取代。對話的聲音會軟化下來，衝突也會被修復，而雙方就會一起獲得治癒和成長。這段關係會從「我對抗你」轉變成「我們」的同一陣線。

上面這一段，就是一個大綱，讓我們了解還有什麼可能性。當我們真正身處其中時，我們會發現這是其實一個更混亂的過程。我們每個人都有自己的保護機制，諸如迴避、憤怒、指責、隱藏、照顧等等。隨著時間的推移，這些保護機制早已根深蒂固，他們守護著小我的創傷，所以他們是寶貴的盟友。但是，就算他們覺得自己堅不可摧，但一旦關係中出現更多的治癒和安全感，他們就會主動讓步了。然而這需要時間，而且當我們處於困境中時，還會有很多反反覆覆的時刻。總有一天，當雙方都感到足夠穩定時，若其中一人提出某個難以啟齒的話題，他們也可以對彼此保持好奇和關心。也許某天，其中一人或雙方都累了、病了，或者話題太敏感了，他們也許會退回舊的保護機制中。也許他們會發生爭執，最後兩人則會分房過夜。但是，如果雙方都同意一起參與這個治癒的過程，他們便可以在隔天繼續前一天的對話，並對事情失控的地方表現出同理心。

但如果我們知道這一點，那為什麼我們不能決定要改變就好了呢？正如我們所知，我們從嬰兒時期，就開始對我們的關係要長什麼樣子產生期待了。這其中的一部分，是記錄在我們的自律神經中。如果我們的父母無法在大部分的時間提供溫暖與安全的連結，我們交感神經的「戰鬥或逃跑」反應就會頻繁出現。我們會開始預期，當我們感到與世隔絕的時候，最親密的人也不會來幫助我們，因此我們開始改變自己的行為，好讓他們盡可能地離我們越近越好。隨著年齡的增長，我們開始嘗試「理解」自己身體和情緒中所發生的事，將模糊的感覺轉變成某些信念，例如我們缺乏價值、父母對我們不感興趣、我們可以從別人那裡得到什麼，以及我們要做什麼才能使人留在我們身邊。同時，我們還制定了一套保護機制，以防止人們對我們造成更多傷害。這就是所有的批判、責備和「必須證明自己是對的」開始出現的時刻。成年的我們已經練習這種模式很多次了，導致它們已經成為了我們的一部分。它們的工作，是在我們敏感的小我被喚醒時自動來幫助我們，尤其是在我們最親密的關係中。

在我們最親密的連結中，我們藉由學習發現父母的態度或行為的細微變化來適應環境的方式，就會開始發揮作用了。忘記回覆的訊息或是一句無心的評論，就足以引發一連串的念頭，這些念頭會與我們最深刻的恐懼完全一致，並強化了它們背後的信念。我們的神經系統會無意識地掃描熟悉的危險類型，好讓我們完善的保護機制能跳出來拯救我們。它是反射性的，就像我們不用思考也能開車一樣。因為舊創傷中的情緒和感覺正在甦醒，感覺就像是現在正在發生一樣，我們的大腦便會四處尋找一個合理的故事，來解釋我們現在的關係中正在發生的事。許多出錯的小事情堆積起來後，我們便整理出一個說法，來解釋為什麼我們會感到如此焦慮，並認定這都是我們伴侶的錯。於是，我們準備收集更多證據來證明我們的伴侶不愛我們、而且一定很快就會拋棄我們。這都是一種自我保護的形式，是為了保護我們的小我而發展起來的古老條件。但傷心的是，堅守著我們對正在發生的事所想像出的故事，只會對我們真正的要求和接收我們需要的東西造成阻礙。同時，我們也覺得太沒有安全感，因此無法對我們的伴侶可能受到的傷害感到好奇。

保持好奇、開放的心態，而不是急著下結論或想像最壞的情況（這反而更有可能使它成為現實），關鍵在於你要能夠放慢速度，並與兩人心中可能正在發生的事保持連結。恐懼會自然地讓我們專注在讓我們害怕的事情上，而冷靜則能讓我們看到更清晰的全貌。我們在這本書中與小我所做的工作，正在逐步建立起使我們能夠做到這一點的神經連結。我們也許會先注意到我們的焦慮感正在上升，並決定打電話給值得信賴的朋友、或花時間與我們的內在養育者同在。當我們平靜一點後，我們便更有可能看清伴侶那些嚇到我們的行為的前因後果。例如，我們可能會想起，伴侶工作時壓力太大又太忙，因此沒有時間馬上回覆訊息。更放鬆一點之後，我們也會想起，所有關係中的連結本來就會起起落落，這取決於雙方在關係之外時所發生的事。我們甚至可能會想起最近一次，當我們的愛人想要花時間來討論某一個困境時，我們卻沒有足夠的餘裕來傾聽對方。現在，與其抱怨白天沒有聯絡，我們或許更能以同理心來迎接愛人，並問問對方這一天過得怎麼樣。

事情也有可能往另一個方向發展。當你的伴侶回家、而他問你的第一句話是：「我今天打給你的時候，你在哪裡？」指控的語調，比文字更容易激起你自我保護的衝動。如果你能把伴侶的核心創傷放在心裡，你也許就會聽見他的指責下的痛苦。你會記得，在他小時候，他的媽媽總是會忘記去學校接他，因為她喝得太醉了，沒辦法開車。因為你們倆彼此分享過許多故事，你能感覺到那個驚嚇、被拋棄的孩子所感受到的哀傷，並思考是不是因為這樣，才讓你沒接到電話變成了這麼嚴重的事。也許你會說的第一句話是：「對不起，我嚇到你了。」你會選擇回應背後更大的原因，因為你懂他，而不是回應他憤怒指責你的保護者。如果你們兩人練習了一陣子這種更深刻的理解，你溫暖的言詞便會使他夠有安全感，並回答：「對不起，我對你太兇了。」當我們接納對方的小我，成為對話裡的一部分時，我們有時便可以捨棄我們直覺性的防衛回應，並讓治癒與更深刻的親密關係產生。

在情侶諮商過程中的早期階段，當兩個伴侶達到關係的衝突點時，我經常會看到骨牌效應，其中一個人進入保護模式，進而在伴侶心中引發出同等程度但相反的反應。此時雙方需要的，是來自第三人的支持（在這種情況下是我），以幫助減緩事情的發展，並模擬不同的反應。雙方哪裡受傷了、或是什麼東西嚇到了兩人，我對這些事的好奇，會逐漸成為他們看待彼此的新方式。在這種情況下，我便會成為他們內在養育者的聲音，以及看待方式的一部分。以溫柔、安全的方式處理雙方的核心創傷，能幫助他們的小我成為他們看待和理解彼此的一部分。

在第五章和第六章中，我們就進行了很多這一類的工作。如果伴侶願意的話，你可以和他分享這本書，這能幫助你們展開與在我的辦公室中一模一樣的對話。這會使你們更能敞開地分享彼此的需求，表現出脆弱，而且不會把自己的感覺怪罪到對方頭上。也許你需要更多關注，也許你只是需要再次得到自己被愛的證明。發展出能夠誠實而充滿同理心的對話能力，就算在你很受傷時也一樣，這是達成自給自足，以及建立起長期親密關係和相互依賴的重要部分。

伸手建立連結

在某些壓力比較高漲的時刻，我們會經歷某種「退縮」的時期，我們的舊傷與恐懼會復甦，使我們的視野變得狹窄，並會專注在自己感到不安全的感受上。當我們建立起比較健康的感情關係時，事情必須往反方向發展。雙方都必須要願意跨出舒適圈，並在自己感到不快樂時嘗試新的回應方式。

當我們談到界線時，我們看見，每個人的脾氣和背景故事都不一樣，也有著各自設立界線的方法。保護機制也是。當害怕被拋棄的恐懼受到刺激時，焦慮的人通常會急著要馬上解決問題。不確定的狀態會使焦慮不斷攀升，無情地折磨著他們：他們需要答案，需要解決方法，而且現在就要！他們的情緒強烈得無法承受，並向四面八方爆發，使它們就像章魚的觸角一樣四處摸索，想要抓住某個穩定的東西。如果它們沒有得到足夠的保證，這些情緒也許會上升成憤怒，強迫衝突發生，好繼續保持連結，也許還有機會得到自己想要的東西。他們也許會批評、責怪、咒罵、尖叫、或甚至砸東西。如果這個模式在童年時有效，或者他們看見自己的父母以這種方式吵架，那這個模式就已經寫在他們的迴路中，並且隨時準備啟動。

逃避型的人通常會用不同的方式面對怒氣。首先，對他們來說，更多的親密關係反而是很危險的。雖然他們通常都對此沒有特別的意識，他們的系統卻充斥著小時候情緒不受照料的痛苦，所以當有人要求他們軟化下來或者更親近一點時，他們就會感到威脅。他們對恐懼的回應也許是封閉並「龜縮」起來。他們會看起來很理性，尋找各種不要更親近的合理解釋，但在他們內心，卻是一股對脆弱面以及其後果的不信任感。在更強的壓力下，他們也許會生氣、會諷刺，或者貶低，試圖逼迫伴侶退卻一點，或是完全離開。他們家族裡的人對情緒需求或許都是這種反應，所以他們的回應也早就深埋在心中了。

每一對情侶的真實模式都會不太相同，但你大概可以理解，當兩人進入戰場時，他們可以多麼快速而深刻地遠離對方。但也有好消息。若想要學習愛與被愛的新方法，最大的成長機會就在這些崩潰與共同的衝突中。在這些情緒糾結到最高點時，我們開啟一條新道路所需要的一切都具備了：兩個害怕的小我，兩個想要產生連結的人，兩個可以重新建立回應迴路的大腦，還有有潛力將感情關係變成避難所的兩位伴侶。這就是愛的肌肉需要舒張的時刻。

對那些在痛苦中習慣封閉自我的人，還有習慣把自己的情緒藏在心中的人而言，學習分享是一件很困難的工作。對焦慮感會排山倒海而來的人而言，對方要求他退一步，也會同樣充滿威脅感。兩人都會感受到深植在心中的自我保護，正在強力拉扯他們。認知到這一切，能幫助情侶找到對彼此的妊辰，這也是重新產生連結的一大步。當他們開始敞開心胸或是慢下步調時，他們很有可能會發現雙方的感覺其實十分相似：恐懼所帶來的生理感受。兩人一起談談這件事，可以加深同理心與連結之感。兩人會逐漸走出交感神經刺激所導致的孤立感，並進入腹側的連結。從這裡開始，兩人的視野便會開闊起來，小我們也會更有機會得到各自想要的東西。反覆進行這個過程幾次後，我們的大腦會發展出與對方交往時，愛與被愛的全新方式。我必須一再強調，這是一個崎嶇、混亂，有時甚至有些痛苦的過程，日子會時好時壞。若我們不再期待線性的進步，而是更像迴圈型的攀升，我們便會真正進入一段長期、互相治癒，又互相依賴得令人滿足的關係中。

讓我分享一個個人經驗，你也許會更懂我的意思。在我離婚之後，我進行了不少治癒的工作。但事實是，只要你曾經是個焦慮型的人，你就永遠都會是某種程度上的焦慮者。除了核心創傷之外，我們也都會有些傾向，而對我們這些焦慮型的人而言，當某些恐怖的事情發生時，我們總是會以相似的方式做出反應。雖然隨著時間過去，焦慮的程度會比較沒那麼強烈，我們的資源也會更多，但我們對感情中的挑戰所做出的反應，每天都還是會不太一樣。

傳訊息對我來說一直都是感情關係中不可動搖的原則。當我認識我現在的伴侶時，我便告訴過他，他需要（在合理的範圍內）盡快回覆我的訊息，這對我來說真的很重要。但是有時候我傳訊息給他，卻還是會幾個小時後才收到回覆。因為他通常很樂意回覆訊息，所以這種狀況發生時，我的身體便會告訴我有什麼事情不太對勁，而當他完全不回應時，我便可以感覺到一陣怒火在我心中翻攪。我的交感神經系統正在產生反應，而接下來，事情可以有好幾種不同的走向。

我可以質問發生了什麼事，而這樣他或許會更不願意告訴我。這會使我很想要對他爆發情緒。不管他想要躲去哪裡，我可以感覺到我章魚般的能量試著要從他身上逼出一個答案來，好安撫我的焦慮。有時候這股痛苦實在太強烈，我的小我就會想要打包悶人，並不是因為我想要逃跑，而是我感受到的情緒實在太過強烈，我的整個身體都想要根據它採取行動。但我不會這麼做，因為就算在發怒的過程中，一部分的我也還是在觀察這個熟悉的模式。在內在團隊的幫助下，我可以慢慢找到一條路，遠離情緒的攀升。反覆練習後我也學到，如果批判自己走回舊模式，反而只會使事情惡化。我現在最不需要的，就是在一片混亂的情緒中加入羞恥的感覺。所以我深呼吸，為了我在焦慮狀態下發的連珠炮訊息和伴侶道歉，並原諒身為焦慮型人的自己。

如果我覺得自己的資源稍微豐富一些，我也許從一開始就會走另外一條道路。當他沒有回覆我訊息時，我可以把焦點放在更全面的狀況上。我會回想起這件事以前也發生過，而且這通常代表他收到訊息時，他手邊的工作正好很忙，然後當他去做下一件事的時候，就忘了我有傳訊息。我可以告訴（並相信）自己，他很愛我。我也可以提醒自己，他面對奪命連環訊息的反應不會太好。這會使我想起他的小我，還有他在壓力下會傾向退縮的原因。我可能會深呼吸幾下，站穩腳步，並感覺自己能夠撐過這波情緒，而不是崩潰。在這兩種反應方式中來回震盪，是成長過程中的一部分。

除了我不斷努力為我的小我營造安全的庇護所之外，我也學會許多方法，能讓我的伴侶感到安全，並在他不開心的時候與我分享。首先，這意味著我要提醒自己，他不會拋棄我。當他退卻的時候，他只是在經歷自己的創傷而已。我也會幫助我的小我意識到，我的痛苦只是在回應內心的某個舊傷，而不是我伴侶的行為所導致的。我發現，我對這項工作的認真，同時使他有空間好好處理自己的感覺，並努力學習分享他不快樂的時刻。

在我學習的過程中，我時常可以為我們兩人留出空間，直到我們可以用成熟、平靜的方式說開，並回到連結與互相理解的狀態為止。注意到問題、尋求內在與外在的支持，還有為自己的感覺負起責任、並不把錯怪到別人頭上，這樣的能力，幫助我在最具挑戰性的日子裡，也不會在舊的感覺中失控。至於我的伴侶，他也注意到自己會傾向把我拒於門外，所以他正在努力學習表現脆弱，並在不開心時分享心情。這幫助我記住，他並不是為了傷害我才退縮，而是因為自己的創傷而在自我保護。這種認知，幫助我不會太把他的態度往心裡去，這樣我就更有餘裕釐清事情。請記得，我是個感情專家，我是專門靠研究這種事情維生的，而我自己都還是會有焦慮的時刻，我也很難時時刻刻都保持知覺與平靜。但願意跨出感情的舒適圈，我和他便有辦法維持更長時間的親密關係與連結，衝突變得越來越少，間隔也變得更長。我們也學會要如何更快修復並重新恢復連結，因此就算出現衝突，我們也會更相信對彼此的愛。

雖然我的伴侶有封閉自己的傾向，但他也有大量的同理心與建立連結能力，並對我們感情展現出無比的認真，願意學習並與我一起成長。這和我前夫的狀況並不一樣，而我要再次強調，擁有一位願意接受我們真實樣貌（不管焦慮與否）的伴侶，就是我們前往更深層的親密關係與互相依賴的關鍵。每一次你選擇停下腳步，並以充滿愛的方式回應對方，你們兩人就已經是在選擇成為同一陣線了。

留出對話空間

當然，情侶間的治癒不只會在充滿壓力的時刻發生而已！當事情進展稅吏時，與你的伴侶坦誠地討論各自對痛苦與恐懼的反應（生氣、怪罪、退縮、尋找合理解釋、或是哭泣），也會很有幫助。與伴侶分享哪些事情代表你很害怕或很受傷，可以幫助你們雙方意識到，哪些時候你們會需要幫助彼此回復平衡。在事情爆炸之前，花時間學習彼此的模式，便是你們兩位一起做出承諾，要在發生衝突時試圖修復，你們也會有明確的計畫，最終把這種方式變成你們的第二直覺。

情侶們可以講好，兩人都能根據自己的需求提出要求，這會是個很好的開頭。「嘿，我覺得我最近好像連結得不是很好。我們什麼時候可以聊聊？」為這些脆弱的要求建立一個安全的環境，使我們有更好的基礎，可以用不同的方式處理潛在的衝突。你們或許也可以說好，如果需要空間冷靜，兩人都可以在意見不合時喊暫停。當事情開始變得激烈時，你們或許可以決定，兩人都能坦白說處自己的感受，例如：「我現在很生氣，所以需要休息一下。我幾分鐘之後再回來，我心裡的情緒會比較安靜一點。」或是：「我開始覺得我要逃到門外，一個人靜靜地坐幾分鐘了。我們可以在那之後再談嗎？」有些情侶發現他們可能需要設定一個特定的時間來恢復連結，好把事情處理完。焦慮的人更容易被情緒淹沒，也更有可能突然情緒高漲。如果你覺得這很像你，要求暫停會幫助你找到一個新方式，讓更理性與逃避型的伴侶能比較容易聽到你的聲音。珊迪和克莉絲蒂的故事，就是這個做法的好例子。

章魚學會平復

在感情中，珊迪是一隻張牙舞爪的章魚，而她的保護機制是生氣、批判她的伴侶克莉絲蒂，有時候甚至會摔東西。她和我分享，在那一刻放飛自我的情緒時，感覺真的很好，但事後通常都會讓她感到愧疚不已，因為她傷害了珊迪，而且需要很多時間來收拾自己留下的爛攤子。珊迪可以看出，儘管她的怒火在當下看起來好合理，但如果她想要與自己的女友重新建立起連結，她就必須要找另一個方法來處理使她抓狂的情緒。

當她們來我這裡進行諮商時，珊迪和我探索了使她暴走的恐懼感。她對於失去連結這件事感到十分害怕，是因為她的父母以前總忙著與彼此吵架，根本沒有時間照顧他們的五個孩子。珊迪的角色是要想辦法調解那些衝突。她會闖入他們的爭執中，並試圖讓他們停下來。他們從來不聽她的，但她也從來沒放棄嘗試。照著這個模式，珊迪通常也會試著在吵得最兇的時候解決問題，但當克莉絲蒂覺得受到攻擊時，她就會退縮。她需要時間處理內心的想法，在吵完架後，也會暫時與珊迪保持距離。這樣的

章魚的能量平靜了下來，烏龜的能量也展現出更多脆弱面，使兩人更有機揮回到腹側的連結狀態，以修復衝突。

模式使珊迪的心懸在半空中，十分焦慮，不知道何時她的伴侶才會準備好與她重新連結（或者還會不會）。為了幫助她看見為什麼這會這麼困難，我們便回到衝突過程中她的小我身上。她無法得到父母的關注，創造出了強烈的驚慌。在我們的諮商過池中，克莉絲蒂也能看見、甚至認可，當她在爭執後對伴侶情緒抽離，這對珊迪來說有多痛苦。

我們一起想出了一個計畫，來應對珊迪的負面情緒。她覺得她可以說：「我現在心情很不好，我真的要生氣了。我需要一點空間冷靜下來。」她會接著提出一個要求：「我們可不可以訂一個時間，再來討論這件事？我愛你，而我需要一點肯定，讓我知道你還和我在一起。」至於克莉絲蒂的部分，她表示，訂下一個對話的時間也會讓她感到安全，也許是幾個小時後，也許甚至是隔天都沒關係。她也很樂意告訴珊迪：「你對我來說很重要。我愛你。我需要一點時間思考，然後我們就可以聊了。」

她們兩人展開這個對話的意圖，包括設定一個明確的時間來修復衝突，便是要讓雙方知道，她們兩人對這段感情都是同等認真。對珊迪來說，這會幫助她知道，她的需求對克莉絲蒂來說很重要，而她們會一起修復。她的小我會聽見，這和她童年時所遭遇的情緒忽視有多大的差異。這會使她沒那麼鑽牛角尖，而她可以花時間體會內在養育者的支持，並傾聽小我的聲音，以繼續治癒她的核心創傷。克莉絲蒂也覺得，當她感受到珊迪冷靜下來時，她就有足夠的安全感能坦白自己的想法。珊迪需要知道她很重要，而且克莉絲蒂和她一樣投入這段感情，而克莉絲蒂需要得到許可來處理衝突與整理想法。事先為這個過程創造出一個明確的結構，可以幫助雙方都感到安全，因此不會帶出她們各自熟悉的保護機制。她們更有辦法在衝突發生時保持連結，直到修復為止。在幾個月的認真練習之下，珊迪發現她已經足夠安全到可以直接對克莉絲蒂說：「我覺得我現在好害怕，就像我五歲的時候聽著我爸媽尖叫那樣。你可以抱抱我嗎？」這當然是克莉絲蒂最樂意做的事了。

當章魚學會平復自己的神經系統，而烏龜則學會伸出脖子來展露自己的脆弱，伴侶雙方便能回到腹側的連結狀態，讓他們修復誤會。當然，要達到這個狀態並不簡單，尤其是在怒火中燒的時刻，以及剛開始發展新回應的時候。如果情侶們制定好一套遊戲規則，而其中一人需要暫時休息一下，那麼接下來這個從「Imago 關係治療」中擷取出的練習，便能為你們創造另一個架構，讓你們在重新連結時繼續溝通。雖然重點是要對雙方的需求產生理解與同理，不過在敞開心胸的溝通時，通常也會帶來衝突的解決方法。

練習：兩人同一陣線的團隊建造

首先，訂下一個時間，好與你的伴侶討論如何修復衝突。你需要足夠平靜才能與對方連結，並以不怪罪的方式分享心情，所以在你嘗試這麼做之前，請確保你有足夠的時間離開交感神經活絡的狀態，並回到腹側狀態。請記得，如果你的反應很極端，你受傷的小我便是正在重新經歷某些時刻的痛苦與恐懼。想要知道原因的話，請追隨你的感覺，盡可能回到它的根源，好讓你意識到，這些強烈的情緒是來自童年經驗，而不是完全因為你伴侶的言詞或行為。理想中，你們雙方在喊暫停時，都會經歷同樣的過程。如果一方展示出為自己情緒負責的行為，另一方也更有可能做同樣的事。

1. 當你冷靜下來，也準備好與伴侶面對面說話時，把重心擺在自己的心臟。把呼吸深吸進你的胸腔，確保你把錨點定在心中。提醒自己：「我們是同一陣線的。」

2. 準備開始時，想著你欣賞對方的優點，並大聲說出口。你們想分享多少點都沒有關係。我知道，在生對方的氣時還要這麼做，聽起來有點強人所難，但是這會幫助你壓下心中的防衛，並使你保持坦誠與同理的狀態，好讓你產生連結。

3. 輪流分享自己生氣的原因，可以用手機來計時。輪到你發言時，設定時間三分鐘以內，並盡可能使用「我」來作為開頭。例如：「我會害怕，你不回我訊息時，你是不是不愛我了。」如果你意識到有些感覺與小時候的經驗有關，你也可以分享這一點。不要把你的感覺怪在伴侶身上。只要單純讓他們知道，他們踩到了你的舊傷。

4. 現在，輪到你的伴侶來重複他們所聽到的話，並詢問他們有沒有正確理解你的意思。沒有辯論、也沒有換句話說。在 Imago 關係治療中，我們稱之為「鏡像」或「反映式傾聽」。

5. 當你們其中一方分享完、對方也聽見並反映了他所聽見的東西，你們就可以交換了。雙方都需要盡可能地真正看見、聽見，並與伴侶心中所發生的事情進行調節，啟動腦中所謂的「共鳴迴路」（resonance circuitry），使你們能同理對方的經歷。

6. 聽者可以加入一些認可的字眼，例如：「聽你的說法，我可以理解你為什麼有這種感覺。」請記得，所有的感覺都是真實的，而你不需要與對方的看法一致來認可他們的經歷。

7. 一但你們都有機會真正聽見並認可對方的經驗後，你們或許也可以想到問題的解決方法了。也許會是一個有形的、可執行的任務，或者只是讓對方知道，在接下來的日子裡，你們對對方的需求都會更放在心上。

當你的伴侶反映你的行為時，會帶來很不可思議的治癒感，而這個簡單的練習，幫助你治癒過去沒有被看見、聽見或認可的舊創傷。你的伴侶現在成為了內在養育者的其中一個聲音，就算你們並沒有在同一個空間裡，對方也會與你同在。我見識過，光是靠著這個練習就改善了許多關係，伴侶之間更不會把自己的感覺怪在對方頭上，也更願意敞開心胸、表現出脆弱，並與對方建立出更深刻的親密關係。

愛上對方的每一面

在這一章的開頭，我們就已經表明，沒有所謂的「完美」的人類。我們都有自己的創傷，而當兩個人在一起時，我們不可避免地一定會有與對方的弱點互相碰撞的時刻。要與他人建立起長久、安全與親密的連結，關鍵在於看見彼此完整的模樣，加深我們對對方核心創傷的理解，學習負起責任、追尋各自的治癒成長，並認知到我們都盡了自己最大的努力了。說到底，這也是我們學會給予——與接受——我們與伴侶配得的愛與接納的方式。

不論何時，當雙方發現你們的關係正要變成戰場時，請問問自己：「我們關係中的超能力是什麼？我們在這段時間中，有什麼東西進步了？還有什麼，是我們從來沒有以情侶的方式一起努力過的？」這是會一個很棒的討論話題。我們的自律神經系統，會習慣性地告訴我們，要專注在造成威脅的經歷上，就算威脅是來自於過去也一樣。在我們治癒的過程中，我們便可以選擇尊榮我們愛對方的那些部分。這代表花時間在他們的全人身上。我們的伴侶在某方面也許不是頂尖，但請提醒自己他們有哪些優點，這會幫助我們開始接納這個人真正的模樣，而不是試著把對方變成一個二次元、再也不會傷害我們的戀愛機器。

首先、也最重要的是，這代表你們雙方都要成為自給自足的人，也要在交往關係之外，與其人建立值得信賴的關係。擁有這樣的支持之後，你便可以發展出在焦慮的風暴或退縮的衝動中，也同樣穩住自己中心的能力。這樣一來，當你設下修復衝突的意圖，不管有多麼痛苦，都會使你在面對所有的感情關係不可避免的起伏時，感到更加輕鬆，包括與朋友、家人和同事的關係。隨著時間過去，這種偶然發生的失和，其實能幫助你建立起更多的信任與親密，並幫助你看見衝突不一定會帶來分手（也就是拋棄）。

是的，感情是柔軟、混亂且無法預期的存在，但它們也是在嘗試著告訴我們自己的需求。當我們為自己的核心創傷與用來維護我們安全的保護機制負起責任時，我們便為自己創造了選擇，可以決定要如何回應。

我要再提醒一次，這一切都需要花時間、練習、並願意真正去看清兩人心中所發生的事的心意。讓我們用另一個練習，來幫助你擴張對每一段關係的對象的關懷，並作為這一章的結束。

冥想：把你的伴侶帶進心靈空間

第四章中，我們做過一次心靈掃描冥想，來探索汲取心靈智慧的感覺，並用此來與我們的內在世界進行連結。這個練習也很相似。開始前，請先利用下方的指引，讓自己完全專注於此時此刻。在你開始之前，找一個安全且安靜的地方，躺下來，練習進入自己的內心。

1. 躺下來深呼吸，把氣深吸進你的腹部。在深呼吸時填滿腹部，並在吐氣時完全呼出。把注意力放在呼吸流過你全身的過程中。當你的身體感到放鬆與穩定時，便開始引導呼吸進入你的心靈空間。

2. 用心靈的智慧來感受你的狀態，並專注於你所感激的事情。可能是你正在跳動的心臟，又或者只是某個會讓你微笑的事物。把呼吸吐到你的心靈中心時，感謝它的存在。花幾分鐘的時間，好好感受感恩的能量，然後再進行下一步。

3. 開始在腦中具象化你的伴侶。當你想到伴侶時，請觀察你的內心有什麼感覺。想像對方在你面前，或是回想他們的能量存在。允許自己經歷這個人的一切，如果你發現自己對他的某個特定部位產生批判的傾向，請把焦點轉回你的心靈空間。

4. 現在，請注意，當你想到這個心愛的人時，你的身體有什麼感覺。你感到坦承與連結嗎？還是你覺得自己變得強硬與封閉？只要觀察就好。你不必對自己的感受做出任何批判。

5. 你的身體有什麼感覺？當伴侶出現在你的內心時，你的身體是感到輕盈、溫柔、空虛，或甚至是空白？你或許會產生酥麻、溫暖或寒冷，甚至疼痛的感覺。注意自己的身體是哪些部位感受到這些感覺。

6. 你出現了哪些情緒？愛、憤怒、怨恨、親切、恐懼，或是其他？也許是許多不同情緒的組合。如果你的心思開始加速，請讓自己回頭看感受身體裡的感覺。當你又穩定下來時，放下所有出現的情緒，並把注意力轉回內心的空間。

7. 你們之間的關係如何？你和你的伴侶之間可能有一段空曠的空間，或者可能有某種障礙，或者你們感覺像是重疊在一起、難以區分彼此。觀察這一點。你們兩個之間的空間是什麼顏色和觸感？在你觀察時，這個空間的各種方面都可能會改變，也可能不會。讓它隨心所欲地發展。

8. 當你與你們兩人交往的感受存在時，你此時正在經歷的事，可能會讓你回想起你們兩個人之間的過去或小時候的畫面。如果有什麼回憶出現了，你只要注意它們的來去就好。然後用一兩次呼吸的時間，把注意力轉回到你的心靈空間。

9. 等你回到心臟周圍的空間時，請觀察你和伴侶之間的能量流動。如果它自由流動，就與那種感覺共存即可。如果你覺得困頓，請注意你身體的哪個部位產生了這種感覺。如果你允許這股困頓的感覺停在那裡，而不是反抗它，會發生什麼事？沒有必要改變任何事，只要單純地感受，不需做任何批判。

10. 如果在某一刻，你覺得自己從這一刻的體驗中抽離了，而且想知道你的伴侶此時在做什麼，你只需輕輕地呼吸幾下，並再次回到你的心臟空間。然後請再次回到你的身體與伴侶存在於心中的體驗裡。

11. 要求你的心靈中心給你一個訊息，並看看會出現什麼。然後要求你的伴侶也給你一個訊息，以幫助你保持穩定並清楚地看到對方的存在。你可能會、也可能不會得到明確的答覆。只要提出問題就足夠了。

12. 在這一刻，盡你所能，把你的伴侶視為一個完整的人，一個也背負著自己傷痛的人，並讓對方順其自然地存在著。然後，讓你的心靈中心給你看到伴侶身上你所欣賞的部分，並專注在這一點上，將其擴張，直到它充滿了你的意識。與這個想法共存一會，讓你所愛的人的正面形象進入你的心靈空間。

13. 再度回到把伴侶視為一個完整的人的感覺，並帶著感激之情與之共存，感謝你們有這個機會一起成長。讓你伴侶的形象消失，同時把意識回到自己身上，也把自己視為一完整的人。

14. 放鬆緩和下來，吸收你所有的體驗，直到你準備好回到房間中的現實為止。然後緩緩睜開眼睛。

因為你可以體驗到你的伴侶既存在於你的內心，也存在於你之外，你便可以開始感覺到你們兩個之間的親密關係，並把這個人視為一個獨立的個體來接受與欣賞。這種一體性和差異性的結合，是互相依賴的本質。這很難用言語來表達，但你體驗過這樣的感覺後，你就會發現這有多麼令人滿足。學習如何在不被他們刺激的情況下，看見我們的伴侶和他們的需求，這樣一來，我們便會以一種全新而持久的方式重新愛上他們，即使在最初的浪漫迷戀已經消退很久之後也能做到。

很多時候，我看到人們試圖互相改變，並修復一些其實根本沒有被破壞的東西。在相愛的關係中，重要的是，你要接受有些事情永遠不會改變。

溝通總是可以改善的，舊傷也是可以癒合的，並使兩個人的相處方式產生根本上的變化，但有時我們只是要接受伴侶身上某些我們認為是缺點的地方。同樣的，這得從你自己開始。你越能接受自己，你就越能接受你伴侶的全部。你們不再與自己為敵，而是開始看見真實的自己：兩個一點也不完美的人，在對不斷加深的親密關係有更多認識後，進而幫助彼此治癒。

第九章　愛的神秘轉化力量

我們已經來到這趟共同之旅的尾聲了。我希望你開始理解，雖然你的依附模式已經深植在體內，但你卻有強大的能力來治癒創傷，成為自給自足的人，並能夠吸引到各種真正能夠支持你的關係。我也希望你已經發展出了更深層的意識，能知道你為什麼會產生某些反應，也會知道這是許多你無法控制的因素所造成的。用這樣全新的角度來看待我們完整的故事，我們便會開始對彼此與各自的創傷產生同情的方式。我們一起踏上了一條治癒之旅，這將會改變你對感情關係的期待。我們都對痛苦有著特定的回應方式。我們都帶著核心創傷。我們也都有自己獨特的故事。與你的焦慮型伴侶一起努力，你便會治癒他們。練習與你的小我同在、並照料他的需求，接納自己的全人，並邀情情感上與你同在的人進入你的世界，使你建立起安全感與信任。這是讓自己立足於內在安全感的道路，這是我們每個人都渴望、也需要的東西。

擁有戀愛伴侶能夠帶來強大的治癒能力，但其他的支持也能提供你安全的庇護所，幫助你建立起一個穩固的基礎。這是因為不論我們有怎樣的經歷，我們所有的關係，都會提供我們一面能夠反映出我們每個人的鏡子，點出我們哪裡已經獲得了治癒，還有哪裡需要治癒。這是一條持續一生的道路，幫助我們不斷成長，並開始認知到我們作為人類的每一個面向。成為一個越來越自給自足的人之後，你也開始與自己建立起親密關係，這會持續幫助你發展能夠支持你的治癒、並為兩人都帶來成長的伴侶關係。這種互相依賴的關係，是我們每個人心中真正的渴望，而你現在正走在經歷它的道路上。

你的宇宙治癒伴侶

尋找和學習如何以自己自足及有意識的方式與某人一起成長，同時體驗讓兩個人都能做自己的深層親密關係，這就是我們所謂的的互相依賴的藝術。我個人喜歡將這位一起治癒的人，稱為你的宇宙伴侶（cosmic partner）。我相信找到一個和你一起治癒的人，邀請你體驗一種新的愛的方式，這是一種精神上的約定，也是一種非常人性的約定。在這種關係中，你們倆一起學習。你們不會總是同步，因為失誤正是過程的一部分，也是生而為人的一部分。正如我們所看到的，這些衝突的時刻會變成修復的機會，並帶來不斷加深的親密關係。

在我的經驗中，當我們放手、專注於更高品質的友誼和支持，並更加信任宇宙，知道當我們準備好時，對的人就會出現在我們面前，這就是我們最容易找到宇宙伴侶的時刻。很多時候，「驀然回首，那人卻在燈火闌珊處」的說法，事實上是真的。因為我們不再將注意力放在尋找可以使我們更完整的人上，而是讓我們生活中的所有關係都能治癒和支持我們。你能看出，用這樣的心態，為什麼能大大提升願意參與這過程的伴侶嗎？對於我們大多數焦慮型依附的人來說，不斷尋找對的人，會使我們神經系統的壓力保持在高點。這種感覺會強烈地提醒我們童年的情景，並使舊的關係模式延續下來。當我們和安全型的人在一起時，我們的系統會逐漸學會放鬆，並願意對我們周圍的支持保持開放的心態。

渴望戀愛伴侶關係也是再自然、再健康不過的事。學著與其他願意支持你的人建立起安全生活的各個層面，會使你擴張你的專注力，讓你準備好迎接新的伴侶進入你的生活中。如果你現在正和某個人在一起，交往中卻充滿衝突，也許這就是你的機會，能用更有意識與熱情的目光來看待與理解這些衝突，使你們兩人能加深對彼此的理解，因此變得更加親近。我的靈性層面認真地相信，正確的人會在正確的時間被送到我面前，而宇宙自有它的計畫，會決定有哪些人即將進入我們的生命，包括我們的友誼，以及其他支持性的關係。如果你沒有這麼相信靈性層面的解釋，關係神經學也認為，我們對溫暖的連結有與生俱來的渴望，不管我們受過多少傷都一樣。在正確的支持下，我們也早就具備治癒與在自我內心尋找深層安全感的能力。這些溫暖的連結，不管是靈性還是人性的部分，都會幫助我們在各種關係內建立起安全與信任感，更在我們的內在養育者社群中添加了更多聲音與感覺。

在你學習這種愛的新方式時，由於你和戀愛伴侶持續治癒著更深的層面，你們的關係也會一起成長。這是你們兩人的小我要進行的最重要的工作。對許多情侶來說，治癒就像是帶著認知與技巧，再度回到帶來痛苦的感覺與情境之中，因此不管衝突何時出現，你都可以帶來不同的結局。舉例來說，根據我童年時期與第一段婚姻的經歷，我還是很害怕與現在的伴侶出現衝突（或是當對方不回訊息的時候）。透過不斷經歷衝突與修復，我開始學會衝突其實也可以很安全，表達我的需求也是可以的，而且當我們失去連結時，也不代表我就會被拋棄。長話短說，我學會的是這個人哪裡都不會去。我學會，表達情緒和說出我的真相是可以的，而我們倆可以一起當不完美的人類。我們在第五章裡開始進行的工作（學會接受你的全人），會讓你的整個人都與對方結合。這種內在的親密，可以與另一個同樣也在學習展露脆弱的人相結合，當你們分享這些珍貴且脆弱的面相時，你們便會得到更深層的支持。當我體內的一部分因為他忘記回訊息而害怕到發抖時，如果我可以分享這部分的我給對方知道，而他也可以平等地告訴我，當我抓狂時，他也需要暫時迴避我，我們便可以在關係中建立起一個安全的空間，使我們都能撫育各自受傷的部分。

我們剛開始約會不久，這個成為了我伴侶的男人問我：「你要花多久的時間才會開始信任我？」我看著他說：「大概五年吧。」而我可不是在開玩笑！在很多方面，我已經開始信任他了，但我知道，由於我的過去，我必須學會相信健康的關係展開的過程。我想確保我們能夠以有意識的方式解決我們之間的問題，因為我知道這些問題終究會出現，就像每段關係一樣。正如我所提到的，自從我的婚姻結束以來，我已經進行了很多治癒的工作，但是再次與伴侶建立親密關係，將這項工作提升到了一個全新的等級。與其說是信任他，不如說我要相信，宇宙會在我學習互相依賴之舞的過程中支持我。我以前從未經歷過這種情況，與我的父母沒有，與我的第一任丈夫也沒有。我對關係的看法必須從「關係很可怕，而且會傷害我」改變成「我現在有個舞伴，可以一起學習了」。每一天，我都必須想辦法擺脫恐懼，相信我們會共同成長的承諾。隨著時間的推移，過去的經歷不再支配我的行動，讓我越來越多地活在當下，與他在一起。

隨著時間的流逝，我們互相的承諾越來越深，因為即使在最混亂的日子裡，我們也會建立起更多的信任。有些日子仍然很艱難。我認為人們在 Instagram 和其他平台上看到我們時，會想像我們的關係很完美。就某些方面來說，我們確實是如此；不是因為我們完全沒有問題，而是因為我們一直在一起致力於解決這些問題。到現在，你已經知道所有的關係都充滿了顛簸，而這些顛簸則會引發我們內心最古老、最痛苦的感覺。將完美的關係理想化，只會讓自己陷入一個完美的陷阱。會成長茁壯的關係並不是一帆風順的，而是在其中挑戰我們、並要求我們成長。

在你展開這趟旅程後，你會持續汲取你的心靈智慧。隨著時間過去，你會注意到，你不再覺得自己在哪些不太好的方面有所缺乏或不同，而是會感覺到自己天生就與萬物有所連結，因為你會開始看見，所有人都在生命中成長，不斷遭遇顛簸，而且都在試著釐清自己的人生，就和你一樣。讀著這本書的你們，我相信你正在治癒過去、或甚至是現在的愛人所留下的傷疤。隨著旅程展開，你會感覺到自己擁抱並治癒這些舊傷所帶來的輕盈感。

科學告訴我們，我們身體的組成，有百分之九十三和星塵的成分是一樣的。我喜歡把支持我們的關係想像成是天空中的星座，它們全部都連結在一起，並互相支持以讓我們能持續閃耀。當我們相信宇宙以及內在的智慧時，我們便會發現，有一種力量超越我們的創傷所帶來的想法與感受，一直都在我們身邊，指引並支持著我們。

我也相信，對你的心靈智慧產生信任感，並擁有其他人和宇宙的支持，會使你與自己命中註定的道路產生更高的一致性。這也許會引導你走向人生中有意義的各種巧合，使你覺得自己好像得到了宇宙的會心一笑。心理學家卡爾・榮格稱之為共時性（synchronicity）。就像每次你發現自己不可置信地微笑著，好像所有的事情都在告訴你，你走的是一條正確的路的時候。每一件事似乎都像是自有安排，你什麼都不必做。就像是你有一個問題、一個願望、一個需求，而解決辦法就神奇地在完美的時間出現在你面前。又或者你在收音機中聽到了一首就像是在對你而唱的歌。也許是在你讀書的時候，某一句話讓你覺得它就像是直接說中了你正在經歷的事。隨著時間過去，當你發現自己的節奏，也建立起更多信任後，試著去注意宇宙為了你而做的一切小事吧；它會幫助你記得，隨時都有力量在支持你。這意味著當你在注意你受傷的地方時，也是時候開始注意宇宙利用這些傷痛，為你所提供的成長機會了。

有人說，當你持續對自己做出這種內在的承諾，更多地傾聽你內心的智慧，並讓生命為你展開，你就會變成一塊愛的磁鐵。尋找愛情不會再像穿越沙漠、卻看不到綠洲，你的生命變得更像是一條河流，提供你無盡的、能夠自我充實的活力和滋養之源。你也許會感覺到，你永遠都有足夠的愛在體內流動，並會邀請其他人加入你的行列。你會開始明白，愛擁有自己的能量，而且永遠不會枯竭。它會以多種形式和多種關係存在於你的週遭，也正在成為你自身存在的一種狀態。如果這一切聽起來有點不著邊際，我想和你分享諾艾兒的故事，這是關於她對宇宙和社群的信任。

宇宙有更好的計畫

諾艾兒是我的客戶，目前三十六歲。她發現在這個年紀，她可以放下生命中她認為自己所需的東西，並開始信任宇宙的帶領。但我們的出發點非常不一樣。當她第一次來找我時，她的狀態非常差，她已經處於憂鬱狀態好一陣子了，而且開始酗酒來自我麻痺。在我們的第一次諮商時，她表示她才剛與最近的伴侶分手，因為她打從心底知道，他並不是最適合她的對象。現在再度恢復單身後，她便覺得自己破碎不已，而且自己或許永遠也遇不到所謂的「真命天子」。她表示，當他們剛認識時，他們便進入了一段長而完美的熱戀期，並去了很多地方旅行。是在她搬去與他同居後（這是親密程度的一大改變），他們之間才開始出現裂痕。他有時候可以陪伴她，但他卻從來不分享自己的任何事。她開始覺得自己像是跟一個陌生人住在一起，而且對方還對家裡的事情有著頗強的掌控欲。隨著時間過去，他開始越來越專注在工作上，她則花了大量時間在等待他，感覺只有她一個人在這段感情中付出似的。雖然非常難過，但她還是有智慧地決定終結這段感情。他們原本一起住在加州，而在他們分手後，她便踏出了勇敢的一步，搬回佛羅里達，與家人住得更近。

即使他們分開了，她也創造出身體上的距離，但她的小我和她的成年自我仍然緊抓著他的形象和他們未來在一起的可能性。三十六歲的諾艾兒覺得建立自己家庭的夢想，正在離她而去。小我沉浸在她被遺棄的創傷中，似乎只有他才能撫平這種痛苦。成年的夢想和小我都與他糾纏不清，所以當她來見我時，她的焦慮型依附系統正處於完全被激發的狀態。在治癒她早期的依附傷時，諾艾兒和我探索了一個重要的資源——在遇見他之前，她與他人的連結之感。她分享，就在和他在一起之前，她對自己的生活感到非常滿意，她甚至不需要談戀愛。她和五個室友住在加州的一間公寓裡。她記得下班回家，和朋友一起在家打發時間。我可以從她臉上的喜悅和她身體放鬆的方式中看出，她感受到了這些連結所帶來的滋養。然後她遇見了他，最後離開了原本的生活狀態，試圖在關係中更進一步。令人傷心的是，她失去了與朋友的連結，也失去了她所喜愛的社群環境，只因為她的小我將注意力集中在某個單一的滿足感來源之上了。

顯然，要幫助她治癒，第一、也是最重要的工作，就是幫助她變得更自給自足，並為她的小我尋找新的支持。除此之外，她的成年自我也需要哀悼她對自己的生活所想像出的形象。為了要從那段感情中走出來，她必須要放下自己在某歲之前一定要結婚生子的目標。由於她把前任視為他想要的一切的關鍵，放棄這個幻想，意味著她必須要接受一個簡單卻通常非常令人害怕的事實：我們沒辦法控制所有的結果，也不能期待事情照著我們定的時間軸進行。我們感到焦慮時，我們用來保持平靜的方式，就是不斷嘗試去控制別人的感覺、想法和行為，好讓我們可以控制事情進展的方向，藉此來平息我們的焦慮。但這只會讓焦慮像是病毒一樣在我們的體內流竄，因為我們在嘗試一件根本不可能做到的事。因此，要減緩焦慮，並不是單純放手這麼簡單而已。我們只能在內心建立起安全的資源，讓我們可以逐漸把掌舵的手鬆開，向後退去，並讓宇宙完成它的工作。

在我們一起進行治癒的過程中，諾艾兒發現，她的憂鬱並不是來自於思念她的前任。她是很難過自己的夢想永遠失去了，那是她對未來一直以來的想望。她開始意識到，那些真正懂她的室友們，已經是她內在養育者社群的一員，而她可以依靠她們，就算她們的肉體並不在她身邊也行。因為那樣的經歷已經存在於她的身體裡，她可以感覺到她與那五個女人同住時的快樂，而且她很懷念每天和她們相處的感覺。隨著時間過去。她可以看見，真正的快樂是來自於兩個地方：治癒她的內在世界，並為家人與朋友留出空間，和他們產生連結。她越從被拋棄的核心創傷中釋放出來，就越能放開她的前任所代表的未來。她甚至可以看見，與這個伴侶結婚生子，只會使她感到更加寂寞而已。

就和所有真正的治癒過程一樣，向未來邁進的各種有意義的連結，也伴隨著她為失去建立家庭的夢想而哀悼的痛苦。隨著淚水如潮水般湧來，她對安慰的態度更加開放，而隨著她的外在世界產生許多變化，治癒的循環也持續進行著。因為她得到自己所需的支持，她不再需要靠酒精來緩解她的焦慮和痛苦。

我們的治癒工作做的越多，她的世界就擴展得越多。但我們認為最奇蹟，也是最大的改變，其實是來自她放下自己必須要生孩子才能變得圓滿的念頭。她不再專注在未知的未來，而是可以好好活在當下，真正體驗身邊帶給她快樂的事物。她依靠著那些感覺像是家人一般的人，並養了一隻狗。當她帶著自己帥氣的三歲拉布拉多比賽犬出現在我的辦公室時，我可以感覺到催產素（信任的神經化學物質）正從她身上全湧而出，她臉上則掛著大大的微笑。她告訴我，她覺得自己或許不再需要男人，或許也不想要小孩了，因為她現在已經很快樂了。

而你猜如何？九個月之後，她就遇到了一個新的戀愛對象，擁有許多的優點，使他們能夠建立起一個美好而互相依附的關係。他們也輕鬆地把感情關係與她的家人和社群連結在一起了。那股驅使她與所有人斷開連結、只專注在男友身上的焦慮感，已經獲得了足夠的治癒，使她能相信，她現在不需要再這樣做了。在我的辦公室中，她反思道，她從來沒有想過還有這麼好的計畫存在著，而她很高興自己有足夠的支持，讓她願意放棄自己完美規劃好的舊人生，並允許這個難以想像又令人驚豔的新未來，自己在她面前展開。

你不止是感情狀態上的定義而已

當我們變得更自給自足時，我們便不再追逐戀愛的想像，比如某種像是愛的感覺、或是看起來像是愛的模樣，而是會邀請愛透過所有滋養的關係進入我們的生活。我們首先要在自己的身體裡扎根，忠於我們內心的智慧。當我們變得更加自給自足時，就不必為了得到愛而抗爭或證明我們值得；我們會發自內心地認為自己值得被愛，並會允許人們進入內心來證明這一點。這會強化內在養育者社群的存在，讓我們同時也感受到來自內心的愛。我們不再需要找到「真命天子」，也不再認定在人生這個階段，我們理應做到什麼事。當小我的舊感受浮現時，我們現在擁有內在和外在的資源來傾聽和安慰他們了，而這樣持續的治癒，就成為了我們日常生活的一部分，就像呼吸或刷牙一樣自然。

會對我們施加壓力，要求我們按時進入某種關係的，不只是我們的焦慮型依附系統而已。我們的社會也在告訴我們生活應該要長什麼樣子。我們應該要上大學、有事業，然後結婚生子。清單還可以繼續列下去，而如果我們不想要這一切，那麼我們一定有問題。因此，我們中的許多人開始認為，如果我們沒有達到某個理想的目標，那我們就失敗了，或者如果我們離婚了，我們一定就是沒有做對。如果我們到了一定年齡還單身，那我們一定是瑕疵品。這種理想的時間軸已經流傳了好幾代了。但是愛情沒有千篇一律的模板。我們的生活注定不會以相同的方式展開。當我們懷著同情和理解，擁抱我們各自的道路，並在我們的需求和願望出現時與它們產生連結，我們就可以擺脫社會試圖強加在我們身上的刻板印象和模式。我確實相信，我們的文化正在逐漸改變，為更多樣的生活方式留出空間，但積習難改，仍然有很多女性來到我的辦公室，感覺受到家庭的約束和社會理想的壓力。

擁有一場婚禮，是一個美好的慶典，但這並不會改變兩個人的本質，也不會改變他們關係的模式。我們每個人都在人生中的不同階段，移動、成長著，並且不斷改變，而這一切，不管有沒有婚姻，甚至不管有沒有戀愛的伴侶，都會持續進展下去。就如我們所見，保持單身，也可以是個快樂的狀態，你依然可以獲得各種充滿愛的關係。不論你是單身、離過兩次或三次婚、在一段不快樂的感情裡，或是正在和一位伴侶學習如何互相依賴，請記得，你現在所在的，正是你需要的成長和治癒的位置。

從你身上流過的魔法

在更神奇的層次上，我希望你可以想像，愛的改變之力會以許多不同形式出現。我們天生就要與伴侶、家人和我們的支持系統共同調節，而我們同時也有能力與大地之母進行調節。每一天，我們都在和樹木一起呼吸。我們的吸氣就是他們的吐氣，我們的吐氣就是他們的吸氣。當我們意識到這一點時，我們便可以讓我們與生俱來互相依賴的能力，與這一切的生命產生連結。一九八〇年代，日本的森林浴（shinrin-yoku），成為了我們不斷被科技所趨的生活的一種調劑，可以幫助我們從身體、情緒與關係的傷害中緩和。也許你已經意識到，與樹木共處，會改變你的某些部分，而現在研究證實，森林浴的操練可以降低血壓、降低壓力化學物質、強化睡眠、降低憤怒感、支持我們的免疫系統、促進心臟健康、提升心律變化性，並撫平憂鬱情緒。對我們這些焦慮型依附的人來說，最重要的是，我們的自律神經系統能在樹木之間找到舒緩的方式。簡單來說，在樹林間漫步兩小時，可以讓我們感到平靜與快樂，讓我們感覺就像是與認識了很久的老朋友相處一樣。把手機和相機收起來，使你可以好好地吸收森林的景色、氣味、聲音（也就是練習森林浴），會使我們的自律神經系統安靜下來，並讓我們開始感覺到與這一切合而為一。這並不是健行或是運動，而是單純地以自然的步伐前進。這樣一來，我們的系統便會練習與此時此刻的魔法同步，這是我們可以融入每日生活的禮物。

和你分享這一點是為了要提醒你，不管你此時此刻覺得與人多失去連結，自然之母是永遠都支持你的。舉例來說，我個人與大自然共同調節的體驗，是來自於大海。不管我的情緒如何，當我進入溫暖而流動的海水中時，我的整個身體就感覺像是被波浪穩定的節奏所擁抱一樣。波浪的起伏進入我的身體，使我平靜，並使我立刻產生了明確的認知。我不得不驚嘆，這樣的動作會讓我感到如此平靜，而且能撫平我焦慮的想法，使我可以開始注意到所有的倒影，還有水面上的每一個光點。而且你不需要真正進入海裡，也可以得到一樣的體驗。從我小時候起，水就一直都是我的養育者，我可以在泳池裡游上好幾個小時，也可以藉由泡澡來舒壓。與這些過往記憶所連結在一起的感覺，也是我內心支持系統的一部分。

讓我們暫停一下，好讓我們可以邀請自己在大自然中獲得安撫與養育的記憶回到心中。你當時在哪裡？你看見了什麼？你聞到了什麼？你聽到了什麼？這樣的體驗是如何接觸你的皮膚與頭髮的？你的呼吸有什麼改變？心跳呢？這些地方都是你的內在資源，因為我們的身體都會記得。記憶並不能取代我們在大自然中度過的時間，但當我們面臨壓力的時候，記憶總是在那裡。每當我放慢腳步，並轉向這個神聖的體驗時，回想起海洋的節奏，對我來說就是一個避難所。

這是因為當我們與大自然產生連結時，我們也會得到提醒，我們是屬於某個更宏大主體的一部分，與世界上的萬物都有連結。我們會產生被懷抱的安全感，我們會與自己的感官產生連結，進而與自己的身體更為同步，而且我們也會找到一股強烈的親密感。如果我們願意提供空間，被自然之母保抱在懷裡的感受，也會成為治癒工作中強而有力的一部分。她總是與我們同在，以她完美的節奏悸動、呼吸著，提供著她的能量，幫助我們的系統回到最初和諧的樣子。

當然，我們並不總是可以輕鬆地進入大自然。許多時候，當我沒辦法跳進海裡時，我便會脫掉我的鞋子，去踩踩草地。我會讓自己感受腳下的大地，感受它隨時隨地都存在的支持。只需要五分鐘，我就會覺得自己站得更穩了。我的整個系統都會放鬆下來，而這些感受，有時候也會跟著我進入我的工作。也許你和我一樣喜歡水，而泡個熱水澡可以幫助你進入平靜的狀態。探索看看什麼地方對你有效果吧。當你與支持你的人們、伴侶和大自然共同調節時，你便會產生一股意感，使你對自己的存在感到安全，也會幫助你排解焦慮。你也會體驗到作為人類的其中一個真理：我們在宇宙中，已經被創造成能夠依靠多種類型的關係，來獲得支持和幸福的樣子了。

焦慮型依附帶來的許多禮物

我時常被問到的一個問題是：「我可以改變我的依附型態嗎？」答案是肯定的。讓自己變得自給自足，並透過人生中充滿支持與安全感的關係，你的內心便可以擁有更安全的基礎。但你會不會總是比大多數人更容易焦慮呢？答案也是肯定的。焦慮是你太過熟悉的保護模式，它會提醒你要敏銳、以免失去感情關係，因此這個模式一定會被某些事件和關係觸發，即使你已經治癒了多年也一樣。你現在正在學習的一切，你為治癒內心世界所做的每一次努力，以及你與支持你的人、自然和動物建立的每一個新連結，都會在內心的焦慮不時被喚醒時，成為你的資源。

你為了變得更加自給自足而做的所有努力，都已經透過大腦和身體中形成新的神經連結，來改變你的依附模式了。選擇安全、撫育的人來陪伴你，會使你獲得小時候所需要的那種支持。隨著時間過去，你會越來越有信心自己能從外在得到愛與支持。你會進入一段浪漫的關係，並更加感覺到真正的相互依賴是有可能出現的。由於你的創傷正在癒合，你在新關係中的反應，更有可能是來自於當下的狀況，而不是過去的恐懼和痛苦。

如果朝你走來的伴侶擁有更安全的依附型態，對方在日常生活及壓力下與你連結的方式，也會對你的治癒過程有益。這個人可能有很多衝突與修復的經驗，而且在這段關係中，也不太會用太毀滅性的方式刺激你的舊傷痛。這個伴侶可以成為一個安全的基地，在那裡，你可以在互相依賴的舞蹈中找到安全和願意一起努力的夥伴。如果你的新對象是逃避型，你們兩人就必須願意坦白說出你們是如何被對方刺激到的，並一起努力治癒。如果對方願意和你一起努力，你們就有可能治癒，而且這可能會是共同成長的豐盛之路。

事實是，我們的依附系統會在我們的一生中不斷改變，這個過程稱之為神經可塑性（neuroplasticity）。由於我們天生就需要永遠不會消失的溫暖連結，因此我們永遠都會對新的親密關係做出反應。每當我們在這些關係中找到安全感、互相表達脆弱感和愛的支持時，我們的大腦就會發展出新的連結來支持安全型依附。想要產生這種改變永遠不嫌老。當我們把這種支持與小我所做的治癒工作相結合時，大腦中支持我們安全感的改變就只能發展起來了。與其專注在改變你的依附型態（這也許本身就會讓你感到焦慮），我會建議你先接受它，就像在我們一起工作的期間，你接納身體的每一個部分那樣。因為另一個事實是，焦慮型依附，也會帶來很多禮物。

擁有焦慮型依附的風格，意味著你發展出了許多感性的一面，你的心胸寬大，而且你有強大的同理能力。當我用章魚來形容你的能量時，你也許會覺得：「噁，是章魚喔。」但這些生物發展出了無比的智慧，因為牠們失去了保護性的外殼，而變得無比脆弱。牠們有能力改變自己的顏色、形狀，甚至是觸感，用來隱藏自己。牠們可以切斷被掠食者抓住的觸手，並長出新的肢體，也可以擠進狹小的孔洞裡逃生。牠們學會快速完成任務，甚至能與人類產生關係。也許你可以意識到小我在童年時期是怎麼完美地適應生活環境，好讓你的父母可以盡可能陪伴在身邊，並能保護自己。現在，有了治癒的支持，他們又能重新適應自己所接受的愛與照料。當我們的小我再也不需要以無我的狀態來滿足需求後，他們便可以把自己的感性運用在他人身上，並以自給自足的出發點，提供充滿智慧與慷慨的關愛。他們的內在與外在界線會變得清晰而親切，使他們可以提供這樣的照顧與關注在自己的內在世界，以及周圍的人們身上。

另一個禮物是，焦慮型的人往往非常願意改變。我們習慣於伸出手，而不是像逃避型的人那樣迴避，所以我們更有可能尋求他人來幫助我們治癒核心創傷。因為我們經常意識到，在我們的家庭中，配合比抵抗來得更安全，因此我們更有可能對他人的支持保持開放的態度，而我們擴張的能量，則使我們更容易接受周圍的人所提供的共同調節。總而言之，我們在孩提時代就學會了許多保護自己安全的技能，在恐懼和不安全感消失之後，反而使我們成為治癒過程中的理想伴侶，並成為互相依附之舞的完美人選。

在我們的文化中，我們習慣於變得獨立和自力更生的主流價值觀，這樣才能展現我們的力量和獨創性。但這不是我們人類該建構的方式。正如我們一直所說的，連結是生物學上的必需品，我們的整個系統都已經進化，並期望處於安全、溫暖的關係中。我們擁有的其中一個優勢是，我們的整個依附風格，都是想要建立和維持關係，儘管早期的嘗試所帶來的核心創傷，使我們難以信任他人。現在，隨著治癒進行，我們也更了解一段關係怎麼樣才算健康，你可以對自己有需求這件事有正面的感受，你也知道依賴他人是健康的行為，你可以慶祝你天生與他人互相依賴的能力。

在這本書的序章中，我分享了我對愛的看法，我認為愛是最有益、也最有改變力的能量。愛是維繫一切人性的紐帶，是創造出宇宙本身的一張大網。此外，愛與被愛，在與人的關係中被重視、感到安全與支持，也是我們生而為人的權利。我在這本書中所分享的一切，都是與治癒有關，好讓我們可以進行人性中最自然的事，並對包含我們在內的所有人分享我們無條件的愛。我們需要先暫停一下，先專注在我們的內在世界中，好幫助我們處理過去經歷過的不平衡，以及我們習慣犧牲自己去成全他人的狀態。在這些創傷治癒的過程中，我希望這些經驗可以流入你現在與未來的感情中，幫助你不只可以吸引並維持你渴望的安全與長久的愛，也可以與比我們都更偉大的力量產生連結。不論你要用神聖的名字稱呼這股力量、把它視為你更高的自我，或是把它當成大自然的一部分來歌頌都可以，但你的工作便是完成你內心的治癒，使你能夠與宇宙愛的力量達成同步，不論是哪一種形式。

隨著我們同行的時間接近尾聲，我邀請你，將我們在這本書中所做的工作視為一種靈性的展開。是的，我們討論過許多世俗的問題，例如水槽裡的髒盤子。我們也面對了非常人性的痛苦，例如被拋棄的感覺。我相信，一路走來，你已經發現了自己內心的愛，無論生活帶來什麼挑戰，你都可以找到回去的路。而且，是的，這提升了你在這趟旅程中找到能夠養育你和支持你的伴侶的可能性。請永遠記住，你是非常有能力，也值得真愛的。

繼續進行治癒時，我希望你會發現自己內心深處的韌性和智慧，是來自於你有勇氣以新的方式體驗自己，來自於你對自己和你的生命採取更有同情心、善良和理解的觀點。從此時開始，你會開始從內心經歷一種全新的安全感，並意識到所有愛過和支持過你的人也永遠是你的一部分。請記得，就算你沒有把所有事情都搞清楚，也沒關係。你已經足夠安全，不必一直等待別人會棄你而去。當這種情況發生時，你也會發現當世界在擴展，而你可以再度遊戲這個世界。我也希望你能重新連結到你身體的智慧，當你學會如何藉由傾聽心裡的聲音來用全新的方式感受你的情緒時，你正在記住如何再次充分體現自己的存在，就好像你已經回到家了一樣。

當我送你上路時，我想像你正在遠離那些讓你變得無我、而且你的需求得不到滿足的關係。我看見你感到足夠安全、可以說出你的需要，不再願意封閉自己的任何一個部分來換取所謂的愛。我希望你現在可以理解，你值得擁有的，遠不止這些。

實現自給自足的旅程總是漫長而曲折，而治癒也是一層一層出現的。這並不總是那麼容易，有時也會很痛苦。但是，接受和愛著你完整的自我所帶來的快樂，值得你為這個過程所付出的所有努力。一路走來，你會發現要找到愛情，其實就是成為愛、並允許其他支持你的人向你展現出愛。這不是一個目標，而是一個永續的過程，因為更多的人際關係，只會為你提供更多安全的空間，讓你分享更多你已經擁有的東西，以及你本來的模樣。你也會更清楚地了解什麼東西可以幫助你在自己體內感到安全和保護，讓你可以更深入地連結，並在你的內在與外在世界體驗真正的親密關係。而我對你真正的期望呢？是你可以繼續對治癒保持開放的心態。是你可以歡迎其他人在這條道路上給你知支持。我希望這種支持可以為你提供讓痛苦層層溶解所需的一切，然後開啟一種全新的愛和被愛的方式。我想親自感謝你信任我，在你回歸自我和走向富足的關係的旅程中，讓我成為你的嚮導和夥伴。我真的很榮幸能與你分享這條道路——從我的內心，進入你的內心。

後記

創作這本書是一趟充滿挑戰和收穫的旅程。我開始進行這個案子時感到很孤單，但我需要的支持接著就開始到來。當我們創作出初版時，凱拉．克拉克以令人十分驚艷的方式，編輯了我腦海中湧現的想法。我懷著強烈的恐懼，小心翼翼地接近令人生畏的出版世界，我又懷疑地暫停了一陣子。在這段時間，夏儂．凱瑟是我的啦啦隊長，鼓勵我記住，這本書要表達的訊息對我來說是很重要的。她一直推動著我，直到我找到了出色的經紀人凱西．史奈德。她對我的信任讓我每天都在前進。

正確的人不斷出現。

也許可以說露比．瓦靈頓是這本書中酷女孩的聲音。我們一起重寫了手稿；在露比的支持下，我們開始享受創作的樂趣。謝謝你，露比，讓這本書栩栩如生。然後邦妮．巴德諾則以這本書的養育者的姿態現身了。她在關係神經生物學方面的知識，幫助這本書奠定了科學基礎，也為這本書的核心治癒過程，帶來了同情和溫柔的聲音。謝謝你，邦妮，不僅幫助我使內容更加清晰，也給了我所需的安心與輕鬆感。

感謝我的出版社 TarcherPerigee 的熱情和關心。特別感謝我的編輯莎拉・卡德。你有敏銳的眼光，你的建議也為這本書最後的行程帶來了極大的幫助。我的專案經理瑪麗莎・蒙泰渥在這過程中的每一步都陪在我身邊，提供穩定的支持。

這本書也充滿了許多人的能量，他們都激勵了我。哈維爾・亨德利克和海倫・杭特、邦妮・巴德諾、丹恩・席格、史蒂芬・柏格斯、約翰・鮑比和瑪麗・愛因斯沃斯以及卡爾・榮格。多年來，我受到無數同事的啟發，他們分享了他們實踐多年的智慧。我客戶們的勇氣每天都在激勵著我，他們邀請我陪伴他們走上治癒之路。我從每個人身上都學到了很多東西，你們與我分享的內容，在書中的每一頁都栩栩如生。

我要感謝支持我的家人和親密朋友——爸爸媽媽、布雷爾・法卡斯、艾倫・史蒂文斯、克莉絲蒂娜・愛肯吉羅、萊斯蒂・聖吉歐維尼和吉娜・莫法等等。最重要的是，我要感謝 斯凡・費里格成為我的宇宙伴侶，他每天都在教導我共同治癒的功課。你總是以其他人無法做到的方式站在我身邊，你向我展示了我從未想像過的愛。如果不是因為你的愛，我永遠也不會有動力寫這本書。你持續和我一起成長，即使在最艱難的日子裡也愛著我。我對你至上最深刻的謝意，我的愛人。

生活是一個奇妙的謎團，而我學會，為這個世界創造出一本書充滿了各種不確定性、恐懼和懸念。這需要大量的耐心，但最重要的是，我需要一個團隊才能完成。你們所有人都與我同在，而我充滿了感激。

高寶書版集團
gobooks.com.tw

HD 146
為什麼我們越愛越焦慮
心理治療師教你建立內在安全感，找回關係中的平衡能量，學會放鬆去愛
Anxiously Attached: Becoming More Secure in Life and Love

作　　者　潔西卡．鮑姆 Jessica Baum
譯　　者　曾倚華
主　　編　吳珮旻
編　　輯　鄭淇丰
封面設計　林政嘉
內頁排版　賴姵均
企　　劃　鍾惠鈞
版　　權　張莎凌、劉昱昕

發 行 人　朱凱蕾
出　　版　英屬維京群島商高寶國際有限公司台灣分公司
　　　　　Global Group Holdings, Ltd.
地　　址　台北市內湖區洲子街88號3樓
網　　址　gobooks.com.tw
電　　話　（02）27992788
電　　郵　readers@gobooks.com.tw（讀者服務部）
傳　　真　出版部（02）27990909　行銷部（02）27993088
郵政劃撥　19394552
戶　　名　英屬維京群島商高寶國際有限公司台灣分公司
發　　行　英屬維京群島商高寶國際有限公司台灣分公司
初版日期　2023年 05月

國家圖書館出版品預行編目（CIP）資料

為什麼我們越愛越焦慮：心理治療師教你建立內在安全感,找回關係中的平衡能量,學會放鬆去愛/潔西卡.鮑姆(Jessica Baum)著；曾倚華譯. -- 初版. -- 臺北市：英屬維京群島商高寶國際有限公司臺灣分公司, 2023.05
　面；　公分. --（HD 146）

譯自：Anxiously attached : becoming more secure in life and love

ISBN 978-986-506-676-5（平裝）

1. CST: 依附行為　2.CST: 焦慮　3.CST: 人際關係

176.527　　112002310